Dina

中国也是我的家

摩洛哥姑娘迪娜的中国情缘

〔摩洛哥〕迪娜 口述
刘莉莉 杨雅涵 撰写

新世界出版社
NEW WORLD PRESS

图书在版编目（CIP）数据

中国也是我的家：摩洛哥姑娘迪娜的中国情缘 /（摩洛哥）迪娜口述；刘莉莉，杨雅涵撰写．-- 北京：新世界出版社，2024.7

ISBN 978-7-5104-7913-7

Ⅰ．①中… Ⅱ．①迪… ②刘… ③杨… Ⅲ．①比较文化—中国、国外 Ⅳ．① G04

中国国家版本馆 CIP 数据核字 (2024) 第 066541 号

中国也是我的家

摩洛哥姑娘迪娜的中国情缘

口　　述：〔摩洛哥〕迪娜
撰　　写：刘莉莉　杨雅涵
责任编辑：李莎莎
装帧设计：贺玉婷
责任校对：宣　慧　张杰楠
责任印制：王宝根
出　　版：新世界出版社
网　　址：http://www.nwp.com.cn
社　　址：北京西城区百万庄大街 24 号（100037）
发 行 部：(010)6899 5968（电话）　(010)6899 0635（电话）
总 编 室：(010)6899 5424（电话）　(010)6832 6679（传真）
版 权 部：+8610 6899 6306（电话）　nwpcd@sina.com（电邮）
印　　刷：北京宝隆世纪印刷有限公司
经　　销：新华书店
开　　本：710mm×1000mm　1/16　尺寸：170mm×240mm
字　　数：157 千字　印张：14
版　　次：2024 年 7 月第 1 版　2024 年 7 月第 1 次印刷
书　　号：ISBN 978-7-5104-7913-7
定　　价：68.00 元

迪娜身着摩洛哥传统服饰

迪娜身着汉服

迪娜身着马面裙

迪娜身着摩洛哥传统服饰

目录

序一

摩洛哥的“中国歌手”

因工作关系，我自2012年《亚太日报》在香港创办以来就频繁穿梭于亚太地区不同国家，怀揣“全球视野，传播中国”的理念，期待让世界了解迅速发展的中国，也期待更全面、更深入了解区域内更多国家，在这个基础上建立一个有国际影响力、能代表亚太区域人民独立思考的国际媒体，促进信息沟通、思想交流、文化碰撞。

无论是与外国政商交往，还是漫步异乡的街头，我时常震惊并感动于人类的共性。我们来自不同的国家，有着不同的面孔，操着不同的语言，但总有一些时刻，国界变得模糊，种族开始隐去，我们只是在和一个个“自己人”说话，交流着相同的喜怒哀乐、悲欢离合。于是，当总编辑刘莉莉邀请我为一本关于摩洛哥女孩的中国情缘的书作序时，我欣然应允。她站在摩洛哥街头，声情并茂地演唱粤语歌的视频，让自诩为“半个广东人”的我自愧不如。

回望历史，工业革命极大地提高了生产力，也让西方文明的触角延伸至全世界，推动人类社会发展。改革开放以来，中国不断学习和借鉴西方的市场经济、科学技术及先进文明，同时探索出自己的社会发展模式，中国式现代化伟大实践更是孕育出人类脱贫史上的光荣史诗。文明只有姹紫嫣红之别，绝无高低贵贱之分。“文明共存”“文化互鉴”是人类文明交流的主要原则，也是人类社会发展的必然趋势。

当前，世界来到一个十字路口，战争、自然灾害、疫情等让人类社会面临前所未有的挑战，也让不同国家、不同民族的命运更加紧密相连。百年未有之大变局下，构建人类命运共同体具有更加重要的现实意义，思考人类共同发展的未来更加迫在眉睫。

摩洛哥女孩迪娜的故事让我们看到，人类只要相互理解、相互包容，就能乘风破浪、共同进步。在她优美动听的歌声里，在摩洛哥熙熙攘攘的街头，在围观人群的幸福笑脸上，我们感受到了文明兼容并蓄、交流碰撞的美好，也看到了人类相互尊重、平等对待、携手共进、共克时艰的希望。

《亚太日报》董事长金文胜

2024 年 4 月于香港

序二

你从撒哈拉走来

“每想你一次，天上便掉下一粒沙，从此世上便有了撒哈拉。”

三毛，多愁善感的中国台湾女作家，她的凄美爱情故事，令多少人心碎，而她在烈日沙漠中的奇特生活，又让多少中国人知道了撒哈拉沙漠，知道了遥远而神秘的摩洛哥。

如今，又有一位年轻美丽的女子，从沙漠走来。她有着一双乌黑的大眼睛，齐腰长发，苗条高挑，穿着宽松的“吉拉巴”。

然而，异域美女一张口，却是：“你吃了吗？”

她叫迪娜，是个摩洛哥姑娘，却和中国有着奇妙的不解之缘。她在中国学习、工作，热爱中国音乐和文化。学中文，让她痛苦煎熬，唱中文歌，让她自信开怀，而与中国人交往，更是带给她无尽的感动。

迪娜说，她上辈子一定是个中国人！

结缘迪娜，是我计划外的事情。平时工作太繁忙，所以当新世界出版社的编辑找到我，希望我能完成“网红”迪娜这个选题的时候，我本是意兴阑珊，但当我看到迪娜站在摩洛哥街头，用粤语高唱 Beyond 的《海阔天空》的视频时，我被她震撼了！

我告诉自己，这个姑娘，我写定了，这个朋友，我交定了！

与迪娜的交谈，穿越了浩瀚的印度洋，跨过了八个小时的时差。于她而言，是对自己人生中最美好年华的总结，而对我而言，是在别人的故事里，流自己的泪。

与我们相比，迪娜是那么地与众不同。她来自遥远的非洲国家，那里还住着“国王”和“王妃”。她有着异域的美貌，别样的风情，她拥有自己的信仰，遵守严格的饮食习惯，每年都要过“斋月”……

她又是那么似曾相识，爱美食，爱化妆，爱漂亮衣服。她喜欢唱歌，也有着熬夜的“坏习惯”，会在半夜三更吃一碗方便面。对于父母来说，她是孝顺乖巧的女儿；对于朋友来说，她是讲义气的好“哥们儿”；对于“粉丝”们来说，她是努力敬业的好歌手。她是邻家少女，是小家碧玉，是善良、优秀的好姑娘。

这个可爱的姑娘，偏偏疯狂地迷恋上了中国，并用她最好的十余载年华，努力领悟中国文化的真谛和中国人的真善美。即使是不得已回到摩洛哥后，她依然不能接受自己的生命里没有中国元素，她勇敢地走上舞台、来到街头，唱起中文歌，用她的热情连接起中摩两国的友谊。

迪娜有抱负有理想，不满足于只当一个“网红”，她要成为促进中国和摩洛哥文化交流的形象大使。她想为中国农产品“带货”，想在中国推广摩洛哥的优秀品牌，还想为中医发扬光大做点事情……这个年轻姑娘，还真是不简单！

而通过迪娜的眼睛，中国的传统文化和中国人的优秀品质，也体现得淋漓尽致。迪娜在中国期间，遇到了太多的好人，无论是鼓励她学习中文的好老师，还是为她做出表率的好老板，以及给予她无私帮助的好朋友……中国人聪慧、热情、淳朴、伟大，不仅令迪娜感动和钦佩，更值得我们骄傲和自豪！

中国人习惯把外国人称为“老外”，如今看来，是浅见了。殊不知,越来越多的“老外”们,已将他们的生活与中国融为一体，将他们的心与中国人紧紧联系在一起。他们热爱中国，了解中国，支持中国，不再是“外人”，而是真真正正的“自己人”。

中国提出的“一带一路”倡议，其中有“五通”，民心相通是基础，亦是最高境界。唯有心相交，方成其久远。爱和同理心，是全世界人民毋庸置疑的共识，是讲好中国故事的切入点。而像迪娜这样的许许多多的外国友人，又何尝不是践行这一点的使者？

每想你一次，天上便掉下一粒沙，从此世上便有了撒哈拉。而“迪娜们”的故事，就像是一滴滴清澈的水滴，汇集在一起，形成了中国与世界各国友谊的汪洋大海。

面对这爱的海洋，谁能不心潮澎湃呢？

《亚太日报》总编辑刘莉莉

2024 年 4 月于北京

序三

我有一颗中国心

也许你不相信，这世界上有个女孩，出生在摩洛哥，却和中国有不解之缘，狂热地迷恋中国文化，甚至认为自己上辈子是个中国人。

那个女孩，就是我，我叫迪娜，我有一颗中国心。

曾经，学习中文是我的“噩梦”。那是一种完全不同于阿拉伯语、英语体系的语言，为了学会它，我流了多少眼泪，吃了多少苦，依然没有起色。直到我第一次听到中文歌曲《至少还有你》后，发现中文竟然是那么美妙，便爱上了这种古老的语言。

通过唱中文歌，再加上融入普通中国人的生活中，我成了一个“接地气”的老外。我提升了中文水平，顺利从大学毕业，也在中国找到了合适的工作……不知不觉，我已经和中国结缘十几个年头了，随着时间的增长我发现这个国家太精彩、太丰富、太伟大了，看不够、玩不够、体验不够！

席卷全球波及中国的一场疫情，让我暂别了我所热爱的中国，回到了祖国摩洛哥。回国后的每一天，我都感觉空落落的，我不能接受自己的生活里没有中国。我开始思考，能做些什么事情，重新建立起自己和中国的联系。

依靠社交媒体平台，我开展了一项与中国有关的计划——在摩洛哥的街头演唱中文歌曲，传播中国文化。在之后发布的许多视频中，我身着中国传统服饰，在摩洛哥街头演唱经典中文歌，吸引了大量本地人驻足观看。

我把这些演唱视频发到网上，收获了大量的粉丝。而真正让我感到骄傲的是，很多摩洛哥人甚至是其他国家的人，因为我的视频了解了中国文化的魅力，甚至萌生出想到中国走一走、看一看的想法。

如今，我又来到了中国，我走上央视的舞台，参加商演，代言品牌，如鱼得水。

在一路成长中，我要感谢很多人，感谢辽宁大学和北京语言大学的老师和同学们，感谢中国驻摩洛哥大使李昌林阁下，感谢我的“厦门妈妈”贺晓红女士，我还要感谢我的父母、我的哥哥，还有所有来自摩洛哥和中国的好朋友……感恩有你们的帮助，我成为了更好的自己。

当然我的故事还没有结束，这本书只是我人生的一个阶段性总结，接下来我要做的事情还有很多。我想成为中摩交流的一个窗口、一座桥梁、一名使者，一方面为摩洛哥吸引更多中国游客和投资，另一方面向摩洛哥乃至世界更好地展示中国文化。

迪娜

2023 年 12 月于厦门

迪娜在摩洛哥沿海城市索维拉的海边

摩洛哥女孩

与很多人印象中“循规蹈矩”的阿拉伯女孩形象不同，摩洛哥的女孩子爱美、爱时尚、爱自由，我们化妆、穿牛仔裤、唱歌、跳舞、玩音乐……

我的本名是莫娜，来中国后，为了名字的中文音译寓意更好，改名为迪娜。

我来自一个普通的摩洛哥家庭，家里有爸爸、妈妈、哥哥和我四口人。我的父母已经退休了，爸爸以前在一家快递公司做会计，妈妈在学校做老师。哥哥比我大两岁，是名工程师。他现在定居在法国，是 Instagram（Facebook 脸书公司旗下一款免费提供线上图片及视讯分享的社交应用）上的旅游达人。

我从小爱唱歌。父母看到我有音乐天赋，有意培养我的音乐特长，让我从小学钢琴、学声乐，家里的钢琴就是父母送我的生日礼物。从小到大我都是学校合唱队成员。我还加入了摩洛哥首都拉巴特一个很有名的合唱团，我们经常受邀参加各种活动。合唱队的演出是我唱歌舞台的起点。

我和中国的缘分始于 2010 年。高中毕业时，我拿到了到中国留学的奖学金。随后我在中国学习、工作了十二年。可以说我最好的年华是在中国度过的。

得益于爱唱中国歌曲，我结交了一大群中国朋友，我的汉语水

摩洛哥女孩迪娜

迪娜（左一）与吉他

迪娜与家人

妈妈抱着幼时迪娜

儿时迪娜与哥哥

儿时迪娜

迪娜和哥哥上钢琴课。日本籍钢琴教师 Saito 是迪娜的第一任钢琴老师，迪娜跟她学了三年，直到她回日本，才换老师

迪娜上声乐课。声乐老师是摩洛哥人，也是迪娜的第二任钢琴老师

迪娜从小到大都是校合唱队成员（第一排右六为迪娜）

迪娜加入了摩洛哥首都拉巴特一个很有名的合唱团（第二排左七为迪娜）

平也突飞猛进，顺利考过了中国汉语水平考试六级。

2021年底，因为疫情期间照顾家人，我回到了摩洛哥。离开中国，我一时失去了生活的重心，最后终于在音乐中找到了自我。我在摩洛哥的城市街头演唱中国歌曲，抒发对中国的思念，也通过在社交媒体发布街头唱歌视频重新建立了和中国的联系，并收获了一批喜爱我的听友的支持。如今，我已将中国当成了我的第二个家。

朋友们常和我说，应该把我的故事写成一本书，讲讲我在中国的经历。每次我都会跟他们说："拉倒拉倒，哪会有人来写我？"现在，我要亲自和大家分享我的故事了，分享与中国这个古老又充满活力国度的不解情缘，以及我和中国朋友们的情谊。

首先，我想介绍一下我的祖国。摩洛哥王国，简称摩洛哥，位于非洲西北部，地处地中海和大西洋的交汇处，与欧洲隔海相望，被称为"欧洲后花园"。我们的主体民族是阿拉伯民族，也深受欧洲文化的影响，我们的国语是阿拉伯语，通用语言是法语。摩洛哥总人口为3600多万，我所在的首都拉巴特有60万人。

摩洛哥实行君主立宪制，议会实行两院制，国王是国家元首、宗教领袖和武装部队最高统帅。在现代世界里，"国王"让人感到遥远而神秘，好像是从童话故事里走出来的似的。但在摩洛哥人民心中，摩洛哥民族独立后的三位国王是我们真正的领袖。

我们崇拜穆罕默德五世，他带领摩洛哥人民经过艰苦斗争，在

迪娜在摩洛哥街头
演唱中文歌曲

1956 年摆脱了西方的殖民统治，建立了现代摩洛哥王国。穆罕默德五世是摩洛哥的“独立之父”。

哈桑二世是穆罕默德五世的长子，也是一位拥有雄才大略的君主。哈桑二世的一生有很多传奇经历。

穆罕默德六世是哈桑二世的长子，1999 年即位后坚持君主立宪制、多党制，注重发展经济，强调依法治国，优先解决贫困、就业等社会问题。在穆罕默德六世的带领下，摩洛哥综合实力及现代化程度在非洲都位于前列。此外，穆罕默德六世还是一位非常开明亲民的国王，2022 年卡塔尔世界杯足球赛上摩洛哥队取得了优异的成绩，百万民众走上街头庆祝，穆罕默德六世也加入了庆祝的行列，与民同乐。

很多中国人知道摩洛哥是缘于奥斯卡最佳影片《卡萨布兰卡》（1942 年上映）这部电影及同名歌曲，因为卡萨布兰卡这座城市而知道摩洛哥这个国家。很多人来摩洛哥旅游，也是慕名来看卡萨布兰卡和沙漠。

其实，这部电影在摩洛哥反倒没有这么家喻户晓，我是在中国学会唱《卡萨布兰卡》的。

相比卡萨布兰卡，首都拉巴特的知名度稍逊一筹。拉巴特位于摩洛哥西北部，濒临大西洋，气候温和宜人，是我出生的地方。这是一座历史名城，有很多文物古迹，包括乌达雅城堡、拉巴特王宫等。

摩洛哥西部沿海城市索维拉是我父亲出生的地方，也算我的老家。索维拉在阿拉伯语里的意思是“美如画”，这里有“非洲风城”的美誉。

摩洛哥西北部有一座知名的旅游城市舍夫沙万，也叫蓝色城市，这里什么都是蓝色的，处处洋溢着浓郁的阿拉伯风情。另外还有一座红色城市叫马拉喀什，它坐落在贯穿摩洛哥的阿特拉斯山脚下，有“南方的珍珠”之称。

摩洛哥是一个很包容的国家，和中国的关系也很友好。拉巴特有座非洲最大的斜拉桥（穆罕默德六世大桥），就是中国人承建的。

摩洛哥有很多很特别的文化，比如格纳瓦音乐、奔马秀、马赛克建筑等。

摩洛哥和中国有不少相似之处。摩洛哥人也爱喝茶，家中总是飘荡着浓郁的茶香。摩洛哥人也爱逛夜市。

摩洛哥人大多信仰伊斯兰教，非常注重孝敬老人。我们有一句谚语广为流传：天堂在母亲的脚下。这和中国的“百善孝为先”有着异曲同工之妙。

迪娜在摩洛哥索维拉海边演唱中文歌曲

穆罕默德六世大桥

迪娜

这个 China 太厉害！

在我小时候，“中国”给我留下的印象就是“made in China”，任何一件物品都标着“made in China”。我当时就想，这个 China 也太厉害了吧，我一定要去中国看看。

高中历史课中，中国历史是我们最后一个学习的。老师打开中国地图讲道：“中国位于亚洲东部，太平洋西岸，陆地面积约 960 万平方千米，相当于 21 个摩洛哥，东部和南部大陆海岸线 1.8 万多千米。中国有 23 个省、5 个自治区、4 个直辖市、两个特别行政区，此外，还有大小岛屿 7600 多个，其中台湾岛最大……中国有五千多年的历史，是四大文明古国之一。从夏商周到新中国，每一个历史时期都非常精彩。”

我跟老师说：“我们还有一个月就要‘高考’了，这么悠久的历史怎么学得完？”老师说：“不会学得那么深。”

我们的历史课，通常先学习欧洲、美国的历史，再学习非洲历史，亚洲离我们最远，亚洲包括中国历史会放到最后学习。虽然是浅尝辄止地学习，但中国的幅员辽阔和悠久历史让我产生了浓厚兴趣。

来到中国后，我发现自己和中国有一些奇妙的渊源。十五六岁的时候，我很喜欢熬夜，半夜饿的时候，就会吃泡面。摩洛哥人并没有吃泡面的习惯，超市也没有中国泡面卖，只有几种亚洲其他国家牌子的方便面。来到中国我才知道，泡面在中国是很常见的夜宵，晚上饿了，煮个泡面，快捷又美味。我爱吃泡面的习惯，竟和许多

迪娜和妈妈吃中国火锅

中国朋友不约而同了。2021 年年底我回摩洛哥以后，每当有朋友从中国来，一定会让他们带几包中国品牌的鲜虾鱼板面……

其实，在这里浓墨重彩地介绍中国的方便面，实在是对中国美食“不尊重”了。中国是一个餐饮文化大国，拥有鲁菜、川菜、粤菜、闽菜、苏菜、浙菜、湘菜、徽菜“八大菜系”，各有特色，百花齐放。鲁菜手法多、川菜多滋味、粤菜讲食材、闽菜色调美、苏菜制作细、浙菜鲜嫩爽、湘菜鲜香辣、徽菜重火功……每一道中国菜都是我的爱。

摩洛哥以前是法国殖民地，上学要学法语。我小时候读的是一所不错的学校，有法国来的老师，我的法语学得不错。阿拉伯语是摩洛哥学生必修课，加上母语摩洛哥柏柏尔语，摩洛哥人基本上可以掌握三种语言。学校也会开英语课，但学生水平不一样。那个时候我喜欢听英文歌曲，这对学英语有很大帮助。因为我学习比较好，所以拿到了穆罕默德五世大学（Mohammed V University）的奖学金，获得了来中国学习的机会。

来中国之前，我曾组过一支摇滚乐队，成员有三个女孩和两个男孩，我是主唱。当时我们的乐队还是小有名气的，但是我的父母不是特别支持，他们觉得我是女孩子，最好不要玩乐队。

摇滚乐队克什米尔 Kashmir（左二是迪娜）

克什米尔乐队演出前的排练（前排站立者是迪娜）

克什米尔乐队接受采访
（右一是迪娜）

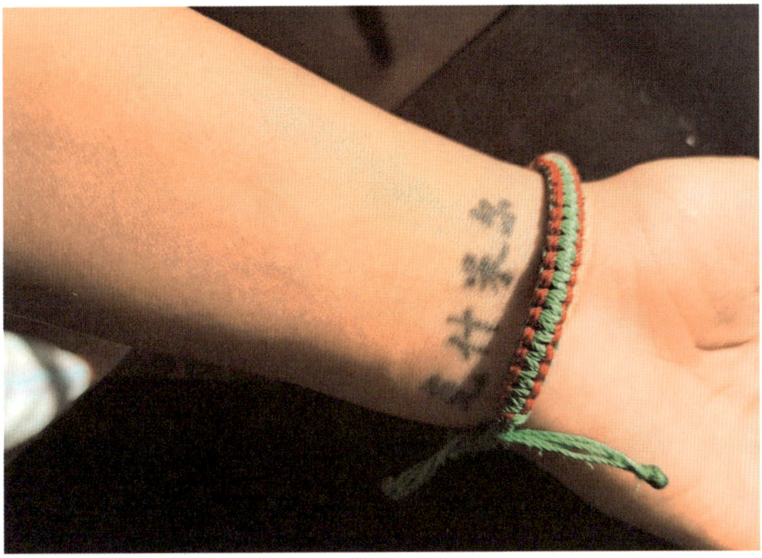

乐队女孩手腕上文着乐队名字——“克什米尔”

乐队中有一个女孩子的哥哥在中国沈阳，她跟我说：“你不是喜欢亚洲吗，我哥哥就去了中国。”那时我 17 岁，我觉得这个女孩的哥哥太酷了，我说我也想去，我一直有一个梦想就是能去中国。

女孩的哥哥卡曼尔已经在中国待了三年，他还有个好朋友也在中国。夏天的时候，她哥哥回摩洛哥，我们就见了一面。他跟我说，“中国很好，你一定会喜欢”。后来我们乐队几个人就说好一起去中国。

乐队里我年龄最大，比他们大一两岁。我告诉其他人，我先去中国，然后再过一两年，你们都来找我，我们一起在中国组乐队。后来，他们都来过中国旅行，其中一个女孩子还在手腕上用中文文上了我们乐队的名字——“克什米尔”。

乐队女孩的哥哥卡曼尔就读于辽宁大学。这所学校位于中国辽宁省沈阳市，有将近七十年的历史，有不少王牌专业，包括汉语言文学、英语、新闻学、历史学、哲学、法学、国际政治、经济学、金融学等。

后来我也进入辽宁大学学习，还给这位哥哥打电话求助。看到我真的来中国了，他很惊讶。当时他的中文比我好很多，帮了我不少忙。后来他也回到了摩洛哥，我们经常见面，成了我最好的兄弟。

辽宁大学

迪娜

带着妈妈闯中国

高中毕业后来中国读书是我第一次离开家出远门，妈妈不放心我一个人，于是和我一道前来并帮我安顿下来。实际上，她对中国也很有好感。

妈妈告诉我，她年轻的时候结交过两个中国朋友。那时，在摩洛哥的中国人并不多，这两个朋友在中国大使馆做翻译工作。妈妈经常邀请他们到家里吃饭，他们特别爱吃妈妈做的鱼。妈妈 21 岁嫁给我爸爸时，他们还包了红包。当时妈妈并不懂他们为什么送钱，只是觉得很有意思。

后来他们才知道，包红包在中国是一种习俗。中国人在亲戚朋友结婚时会送红包，代表给结婚的人送祝福。除了结婚，在亲友生孩子、搬家、老人去世的时候，中国人也会给“礼金”，这个习俗是摩洛哥没有的。

妈妈现在还保留着和那两位中国朋友的合影，可惜的是，那个年代通讯不太方便，他们回到中国之后，就失去了联系。令妈妈没有想到的是，很多年后，自己的女儿会去中国，会讲中文。

这一次送我来中国上学，妈妈很高兴，这是她第一次坐这么久的飞机去一个国家。我在中国的第一年，是在沈阳度过的，但我和妈妈是先去了北京，然后再坐火车去沈阳。

从北京到沈阳，可以坐高铁，两个小时就能到，但当时我们不懂，就买了普通的火车票，坐了一夜。我们买的卧铺票，车厢是男女混

迪娜父母和两位中国朋友的合影

迪娜妈妈教中国朋友做摩洛哥菜

迪娜妈妈和中国朋友品尝摩洛哥茶。迪娜妈妈拿着中国茶壶，中国朋友拿着摩洛哥茶壶

住的，大家共用一个洗手间……我当时还想，中国的火车都这么落后吗？

后来朋友告诉我，这是最慢的火车。中国高铁可是举世闻名，如今已经成为中国的一张名片。自 2008 年 8 月，中国自主建设的第一条高铁京津城际高铁诞生后，中国正式进入了高铁时代，最高时速能达到 350 千米。此外，中国高铁还走出国门，让全世界见到了中国速度。从北京到沈阳将近 700 千米，两地高铁只要 2 个多小时，真的是太快了！

那时候到了沈阳的火车站，我们又不知道怎么坐车，有人问我们去哪儿，我们又不会说中文。还好我有辽宁大学的文件，我就给他们看文件上辽宁大学的地址，才顺利到达学校。

辽宁大学有两个校区，有班车通行，车程四十分钟，妈妈在两个校区参观了一圈。我所在的新校区特别大，有很多食堂，价格也便宜，五块钱可以吃饱。学校还有卖衣服的地方，也很便宜，我顿时感觉生活特别富足。

来中国留学，我虽然拿到奖学金，但是第一年学语言要自费。我当时有些信息没有填写完整，导致没能及时注册成功，第一年没有宿舍，要自己找地方住。

初到中国，我不会说中文，妈妈不会说英文，沈阳也很少有人能讲英文，沟通比较困难。妈妈陪了我一个月，看到学校的老师、同学、

迪娜妈妈在辽宁大学校门前留影

迪娜在辽宁大学校园中留影

迪娜妈妈逛商铺

房东都很热心地帮助我们，她也放下心来。

我们租的公寓大概20平米，有厨房，有一张很大的床，房租是一个月2000块钱。那栋楼的地下两层都是商铺，我每天去上课的时候，妈妈都要去地下商城逛逛，慢慢认识了不少人。虽然语言不通，商铺的朋友待我妈就像是老朋友，很热情。他们知道我在上课，我妈遇到困难，他们都主动帮忙。妈妈也在商铺买了不少衣服，回国的时候行李都超重了。

妈妈说，很多时候她走在路上，大家都很愿意跟她说话。她能感受到中国人的热情，可惜的是，她听不懂。

当然，也有出糗的时候。第一次坐公共汽车，我们上车后坐下来，到下车都没等到有人来收费，就没给钱，直接走了。……摩洛哥的公共汽车可以随便上下车，上车后有人会来向你收费，但在沈阳需要自觉把钱给司机师傅，我们还在奇怪为什么公共汽车不收费……哎呀，真是好丢人！

中国确实带给我们很多震撼。妈妈说最让她惊讶的事情是，当时有栋楼正在盖，过了几周，那栋楼居然差不多盖好了，只有中国能做到！中国的建设速度让我妈无比佩服。

她还去过一家店，那个店可以打印照片，然后把照片印在杯子上、枕头上，或者拿一个杯子倒入热水后，图案会慢慢显示出来。我们也打印了一张照片贴在枕头上，觉得很有趣。摩洛哥几年前才有这

迪娜和父母在天安门广场前合影

迪娜和父母逛王府井小吃街

个技术，但是中国很早就有了。

妈妈说第一次来中国很开心，觉得中国很发达，能感觉到不一样的文化。她一方面特别高兴，觉得中国真好，一方面又特别不舍，她知道自己马上要离开，而宝贝女儿要留下来。

为了学中文，我买了一个很小的平板电脑，类似于点读机，用笔点汉字听读音。我妈问我学习怎么样，我说，太难了，中文太难了。我妈很担心，就去学校找到老师说，“你要好好照顾我女儿”。然后，两个人都哭了，我看着她们俩纳闷，老师不会说阿拉伯语，妈妈不会说中文，英文只能蹦几个单词，你俩怎么能说哭了呢？

迪娜

每天都会哭的日子

小时候，我的法语和英语都学得很好，老师说我有语言天赋。然而，当我接触到中文，我的自信心遭受了严重打击。我觉得中文是一门很奇怪的语言，既不是你学了就能学会，也不是你有天赋就能学好。

一个外国人去意大利、法国或者西班牙，只要在那里住上一段时间，就能掌握当地语言。可是，你会发现很多外国人在中国待了十多年，讲出的中文，还是只有他的老师才能听懂。欧洲地区的语言比如英语、法语、德语有很多相似之处，学起来难度不大，很多欧洲人能同时掌握三四种语言。而汉语是另外一种语言体系，学起来就没那么容易了。

外国学生在中国上大学，要通过汉语水平考试 HSK 五级，而且只有两年时间备考。HSK 是为外国人设立的一项国际汉语能力标准化考试，最高等级是六级。通过六级的考生被视为能够理解接收到的汉语信息，并用汉语流利地表达自己的见解。五级也已经是很高水平了。中国大学对语言要求非常严格。

在辽宁大学懵懵懂懂地过了一年后，学校给了我一个去北京语言大学学习汉语的机会。北京语言大学是一所主要面向来华留学生的大学，汉语国际教育、汉语言文学以及英语、法语、阿拉伯语等外语专业，是其优势专业。

然而，有机会到深造汉语的最高学府学习，我却高兴不起来。

北京语言大学

我永远忘不掉在北京学中文的日子，我几乎每天都会哭。我当时做了最坏打算，我要是考不过 HSK 五级就回摩洛哥。

北京是中国的首都，是个超级大都市，也是文化中心。这里有 16 个辖区，两千多万常住人口，十分繁华，文化古迹多，高楼大厦多，高等学府多，购物中心也多，是世界上目前唯一的“双奥之城”，举办过夏季奥运会和冬季奥运会。

北京和沈阳很不一样，城市更大，人更多，物价也更高。北京很美好，但也不好“混”，全中国乃至全世界的人都汇集在这里打拼，人才济济，竞争十分激烈。每天，我看着大街上形形色色的人来去匆匆，为了事业或为了生活奔波，都会感觉到一种无形压力扑面而来，生怕自己一不努力，就会被这个城市淘汰掉。

我所在的语言班有 60 个学生，多数是语言大学的学生，都很优秀。虽然都是外国人，但 80% 来自韩国和日本等亚洲国家，在学习语言上有优势。然后就是俄罗斯人，也懂不少亚洲文化。还有一些同学是混血，比如妈妈是中国人，学中文也会相对容易。

而我从辽宁大学来，本身语言基础就没有他们好。当时我觉得在北京什么都贵，城市太大了，去哪里都不方便，往返一个地方就会非常累，学习压力又很大，几乎每天都要考试……我不得不努力，拼了命地学习，每天凌晨两三点才睡觉，然后七点起床。我就是有股不服输的劲头，不认为自己比别人差，但是每次考试，我依然是

迪娜在 2008 年北京奥运会主体育场
“鸟巢”前留影

迪娜的课程表和教材

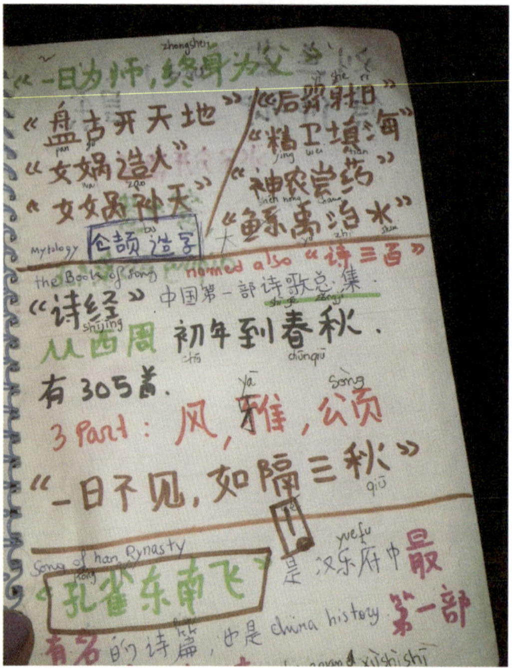

迪娜的中文笔记

最后一名……我很自卑，我时常在想，自己是不是不适合学习中文，就是在这种压力下，我瘦了很多，并且再也没有胖回去。

对我而言，中文的难度在于声调。中文的四个声调像音乐，听上去很好听，但对于一个外国人来说简直是“灾难”，如果对声调敏感度不高，学中文就会很吃力。即便如今，我已经在中国待了很多年，中文声调对我来说还是个难点。这让我意识到，原来不只是唱歌会跑调，说话也能跑调。

那些喜欢音乐的人，比如歌手，或者会乐器的人，他们学中文就相对容易很多。而我，学习中文也是因为音乐才开了窍。最早，朋友推荐《月亮代表我的心》和《至少还有你》两首歌给我，还说我可以学唱中文歌。我当时有点排斥，我连中国话都说不好，怎么唱中文歌?

在朋友的鼓励和帮助下，我开始学唱中文歌。结果，大家发现，相比说中文，我唱中文歌时发音要更标准，简直是一说话就跑调，一唱歌就准确。我非常惊讶，于是开始通过音乐学中文，听到喜欢的歌，就去学唱，歌词中有不理解的词句，就去查个究竟，我的中文竟然也飞速进步了。

当初我来中国的时候，根本没有意识到中文会是个难关。我当时认为，学一年不行，就学两年，后来发现这真不是一两年的事儿。课堂上觉得自己说得还不错，真到和人交流时又觉得不够用，学语

迪娜（中）和中国同学在一起

迪娜参加校园歌曲比赛时自弹自唱

言只有学到能去社会上交流的程度，才算达标。事实上，学到第三年甚至第四年，我的中文才开始有点起色。后来我还去参加了第十二届“汉语桥”世界大学生中文比赛。

我在北京语言大学学习的时候有宿舍，房间很大，还有一个舒适的阳台，但是那时候我特别自卑，没住宿舍。宿舍里大部分外国人中文都特别好，给了我很大压力，跟我住在同一个房间的女生是德国人，她的中文也特别好，我的压力就更大了。那时候每个月只有几千块钱奖学金，也不会向父母要钱，但我还是决定到外面租一个房子住。

我觉得如果我能住在一个有中国人的环境，可能对提升中文水平有帮助，会学到一些在宿舍学不到的东西，获得一些不一样的经验。

学校临近五道口，我租房的时候发现附近都是很贵的房子，大部分人都是租一套房子中的一个房间，而即便那样一个月房租也要几千块钱。我租的房间很小，大概 20 平方米，打开门有一张床，然后有个衣柜，就差不多了。我就“押一付三”，决定先住一段时间再说。

我的室友们都是中国人，后来我也跟她们成了朋友，她们也挺照顾我，还会帮助我做作业。我们共用一个厨房，有时候我会看她们做菜。她们来自不同的城市，在饮食上也有很大差别，有的做菜很清淡，几乎只放盐和酱油，清蒸或者水煮，保持食物本身的味道；有的喜欢浓油赤酱，颜色很漂亮，看得人直流口水。

迪娜 2013 年参加“汉语桥”比赛

迪娜搭乘地铁

住在校外还是有很多不便的。我每天要早起赶去学校上课。有时候坐公交车，有时候骑自己买的自行车，要经过四个红绿灯才能到。我住的那个楼很高，下楼要半个小时，因为只有一部电梯，楼里的人特别多，要排队上电梯。我的房间没有空调，夏天特别热。实在热得不行，我就去地下室待着，地下室凉快一些……

很多人不理解，说你去外面住，地方破，价钱贵，没空调，每天还要花很多时间通勤……这不是傻吗？他们根本就无法理解我的行为。我现在想一想，也觉得自己很奇葩，但是我不想回宿舍，有种很强烈的抵触情绪。

我在学校外面住了半年，后来我的中文好起来就搬回宿舍了，但是回想起租房子的那段时间，真的感觉自己学了不少东西。

这段时间我的中文进步很大。在学校里，老师也好，同学也好，都会把我当回事儿，因为我是这个学校的学生。但是在外面住，大家不在乎我是不是外国人，有人主动跟我用中文说话，他觉得我应该听得懂。在这个过程中，我会逼自己努力去理解，努力模仿别人的说话方式，人家说一句，我就学一句，看能不能模仿个八九不离十。

我看到了普通中国人的辛苦，感受到了生活的难度。那些年轻的白领们每天辛苦奔波，努力工作，真是挺不容易。

这段时间我也更接地气了。我更多地跟中国人交朋友，一起吃饭，一起出去玩，一起感受中国的生活方式，开始真正融入中国。

迪娜

我上辈子可能是个中国人

当我尝试跟中国人交朋友时，我的生活有了很大的变化。

一次一个中国男生对我说：“你要是想学中文，就把书本抛掉，跟我们学就好了。你每天跟我们在一起不可能学不会，你跟着课本学中文不仅速度慢，而且不地道，想学地道中文就得跟中国人一起出去玩，跟我们交流才行。”

于是，我就听他的，我发现和中国人接触多了以后，语法也明白了，词汇量也扩大了。学校教的内容很死板，可能适合某些学生，但不适合我。我得换一个方式，多听中国人讲话，多了解中国文化，这才行！

我发现，不管是去酒吧，还是下馆子、喝下午茶，跟中国朋友待久了就更加了解中国人的生活，了解中国人的思维方式、说话方式。中国人特别有意思，每天都会说一些固定的口头语，比如“吃饭了吗”“你去哪儿”“那没事儿”“干吗”“哎呀客气了”……这些话中国朋友每天都说，我就留心把这些词句记住。

中国人特别喜欢说“你吃了吗？”。在中国的时候，朋友们早晨、中午、晚上都会问我一个问题：“你吃了吗？”我要是没吃，就会带我去吃烧烤和夜宵，让我十分感动。中国人对于吃饭这件事非常热爱且讲究，无论是联络感情，还是商谈合作，似乎所有的事情都可以通过吃饭来解决。刚来中国的时候，我吃得很不习惯，我们摩洛哥人吃面包，中国人大多爱吃米饭，而且很多菜是辣的，和我从

迪娜和好朋友一起旅游

小吃的东西不一样。但在中国生活了12年以后，我已经养成了一个中国胃。

我现在回到摩洛哥已经吃不惯家里的饭了，每天都特别想吃火锅和麻辣味的中国炒菜。我还会在摩洛哥的各个城市里寻找中餐馆，我知道摩洛哥有一家特别正宗的中餐馆，每次去吃都有种“回家”的感觉。甚至于，回到摩洛哥，没有人问“你吃了吗”，我有时会忘记吃饭。我喜欢大家围坐在一起，吃不一样的菜，很热闹，我现在没办法一个人吃饭，要找到很热闹的感觉，才吃得下饭……

抛掉课本，我向身边的中国朋友学习，模仿他们每天说的话，这个方式真的特别有用。我自己也很奇怪，怎么我的中文越来越流利了，每天上课我听老师讲课也不费劲了。

我才发现，以前学习太认真太紧张，反倒学不会。应放松下来，克服心理障碍，把学中文当成一件并没有那么困难的事儿。我以前看到汉字就害怕，但是后来发现，其实常用汉字也没有多少，我把这些常用汉字记住就是事半功倍……慢慢地，我开始接受中文，没有那么恐惧了。

在这期间，唱歌给了我很大帮助。我平时跟朋友们去KTV唱歌，发现中国人喜欢唱的歌差不多，去KTV点的歌也差不多，我就把那几首最出名的歌学会了。学语言很重要的一个方式就是从喜欢的东西入手，再寻找适合自己的学习方法和模式。我喜欢唱歌，就通过

迪娜在餐吧唱歌

歌曲学习中文，把学习语言的压力变成一个好玩的游戏，于是压力越来越小，中文成绩反而越来越好。等到了期末考试，我一下子进入优等生行列，就连老师也吃惊不已，感叹我怎么进步那么大。

我记得最后一个考试是用中文演讲。我学的是国际贸易，老师要求每个人用自己的方式讲述中国文化和国际贸易。那次考试中，我假设自己是淘宝店老板，还找了几个同学来做模特，给他们拍了照片，然后介绍我的“产品”……等演讲结束后，所有同学都为我鼓掌，最终成绩出来，我得了第一名！

中国的淘宝就像是美国的亚马逊，是个十分受欢迎的网上购物平台。现如今，网购已经成为中国人的重要生活方式，手机上点一点，想要的东西轻松送到家，物美价廉。中国的网购平台也十分丰富，除了淘宝，还有天猫、京东，以及主要卖电器的苏宁易购、卖服饰美妆的唯品会，以及主打图书销售的当当，等等。在中国，买东西实在太方便了！

不过，在我上大学的时候，淘宝刚走进大众视野，是新生事物，老师问我是怎么知道淘宝的，我说是我的中国朋友们告诉我的。学年结束的时候，学校举行了结业典礼，我登台献唱，那是大家第一次知道我会唱中文歌，整个学校都为我鼓掌，都说我的中文非常标准。

我的中文进步这么大，特别要感谢我在北京语言大学的一位中国老师。她在我学中文最困难的时候让我坚信，只要努力一定能学好中文；后来我成了班里中文最好的学生。那位老师年龄比较大，个子不高，特别可爱。她很严格，大家都很怕她，但是又很尊敬她。

预科结业的时候，我想送给老师一个礼物，但不知道送什么，就去百度搜索“送给老师最好的礼物是什么”。我忘记是在微博还是在哪里看到的，说送老师蜡烛最合适，因为在中国是用蜡烛比喻老师的。中国有句古诗写道，“春蚕到死丝方尽，蜡炬成灰泪始干”，老师就像是默默无闻的蜡烛，燃烧自己，照亮别人。

于是，我去宜家给老师买了一个很漂亮的蜡烛，她当时就哭了，特别感动。她说会把这个蜡烛保留一辈子，也会记住迪娜。我这辈子也不会忘记那位老师，她在精神上给了我很大的鼓励。有些人就是相信你能行，那种力量真的能让你成功。

预科结业后，我收到北京语言大学的邀请信，邀请我免费再学一年中文，之后免费学四年国际贸易。面对辽宁大学的召唤和北京语言大学的挽留，我还是选择了辽宁大学。

很多人不理解我的选择，不明白我为什么放弃大好机会离开北京，其实原因特别简单，因为我感觉回辽宁大学做“老大”特有面子。辽宁大学对我特别好，每次老师在办公室都会拿我举例子，说这么优秀的学生本来可以留在北京的，结果选择了辽宁。

除此之外，我回到辽宁也有自己的原因，北京工作机会多，但人更多，竞争压力很大，生活成本高，房租贵。我觉得北京的生活

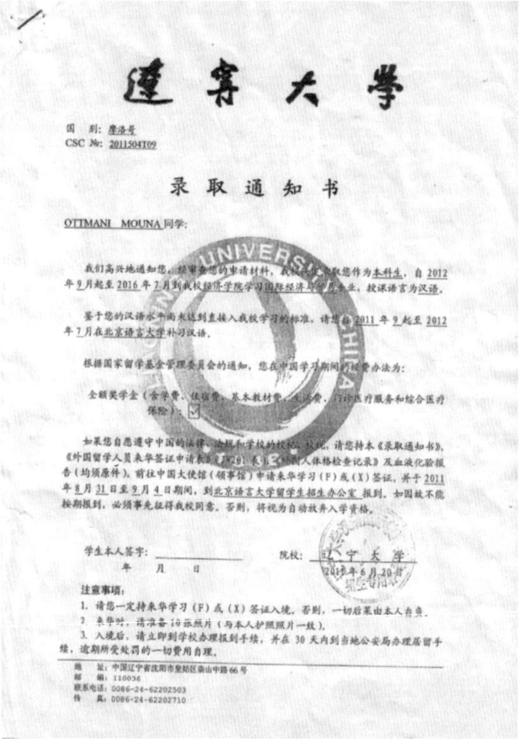

遼寧大學

国　别：摩洛哥
CSC №：2011504T09

录取通知书

OTTMANI　MOUNA同学：

我们高兴地通知您，经审查您的申请材料，我校决定录取您作为本科生，自2012年9月起至2016年7月到我校经济学院学习国际经济与贸易专业，授课语言为汉语。

鉴于您的汉语水平尚未达到直接入我校学习的标准，请您自2011年9起至2012年7月在北京语言大学补习汉语。

根据国家留学基金管理委员会的通知，您在中国学习期间的经费办法为：

全额奖学金（含学费、住宿费、基本教材费、生活费、门诊医疗服务和综合医疗保险）：☑

如果您自愿遵守中国的法律、法规和学校的校纪、校规，请您持本《录取通知书》、《外国留学人员来华签证申请表》（JW201表）、《外国人体格检查记录》及血液化验报告（均须原件），前往中国大使馆（领事馆）申请来华学习（F）或（X）签证，并于2011年8月31日至9月4日期间，到北京语言大学留学生招生办公室报到。如因故不能按期报到，必须事先征得我校同意。否则，将视为自动放弃入学资格。

学生本人签字：＿＿＿＿＿＿＿＿　　院校：辽宁大学
年　月　日　　2011年6月20日

注意事项：

1. 请您一定持来华学习（F）或（X）签证入境。否则，一切后果由本人自负。
2. 来华时，请准备10张照片（与本人护照照片一致）。
3. 入境后，请立即到学校办理报到手续，并在30天内到当地公安局办理居留手续，逾期所受处罚的一切费用自理。

地　址：中国辽宁省沈阳市皇姑区崇山中路66号
邮　编：110036
联系电话：0086-24-62202503
传　真：0086-24-62202710

迪娜的辽宁大学录取通知书

迪娜从辽宁大学毕业

迪娜从辽宁大学毕业

迪娜身着学士服和父母合影

节奏真的太快了，我不太适应。还有一个原因就是北京的外国人太多了，我觉得这并不是一件好事。天天跟外国人待在一起，可能更多地会用英语交流，而不是中文，而且很多北京人也觉得自己英文很厉害，爱跟外国人飙英文，这样会失去很多练习说中文的机会，没有办法真正融入中国文化，或者说真正了解中国人。

但是在沈阳，我过马路都会有人看我；沈阳外国人很少，我走到哪儿都像个明星，好多人夸我长得好看，我觉得很高兴，很得意。我发现，有时候人能变漂亮也是夸出来的，我十几岁的时候没有这么好看，我到沈阳以后很多人夸我好看，我就好像真的漂亮起来了。

东北人很热情，我喜欢热情的人，会让我产生家的感觉，好像还在摩洛哥一样。我还是更适合在沈阳这样的城市居住，虽然没有北京、上海那么繁华、发达，但生活更舒适，我可以跟这座城市一起发展和成长。

在辽宁大学，我发现自己是中文说得比较好的外国人，这给我更多自信，我觉得自信心很重要。我在沈阳没什么外国朋友，就经常跟中国人一起玩。沈阳很多娱乐场地会开设小厅给外国人坐，我每次出去玩都不去小厅，而是跑去大厅，和中国人一起唱歌跳舞。我都来中国了，干吗还要跟外国人在一起呢？而我的中文也变得越来越好，虽然不能说特别好，但是说得比其他外国人更地道。很多中国人跟我聊天会很惊讶，他们说我很容易就能理解他们的意思，说我是一个很“中国”的外国人。

我很喜欢当一个很“中国”的外国人。刚到中国的时候我是卷发，大概 20 岁的时候我就开始把头发拉直，因为这样看上去更像一个中国女人。我开始注意身材，穿亚洲人喜欢穿的衣服，我开始不爱吃西餐，爱吃中国菜，再加上，我的中文越来越地道，一上来就能很自然地沟通和融入，好多人都认不出我是外国人了，觉得我是个“混血儿”，甚至还有人觉得我就是个新疆人。

我和中国真的很有缘。来中国以后，我没有水土不服，有些外国人刚到中国会掉头发、皮肤过敏，但我没有这些问题。中国人爱吃夜宵，我半夜爱吃泡面，中国人多，我也喜欢热闹……这种缘分，令人惊讶，搞不好我上辈子还真是个中国人。

迪娜

“厦门妈妈”

迪娜在杭州西湖边

从辽宁大学毕业后，我离开东北来到北京，正式开始职场闯荡生涯。很快，北京的高压生活让我精疲力尽。我想要旅游放松一下自己，去一个没有去过的地方，于是和朋友一块去了厦门。

一下飞机，天呐，我心情突然变得特别好，这个地方怎么那么美，到处是绿色，还有大海。北京没有海，但是摩洛哥是沿海国家，我突然在厦门找到了家的感觉。

厦门位于中国东南沿海，是著名的港口和旅游城市，气候温和多雨。据说在远古时代，这里是白鹭的栖息之地，因此它还有一个名字叫“鹭岛”。

我在厦门待了三四天后，不想走了。朋友们说，你的衣服都在北京怎么办？我说不管了，我要再多待一段时间。

朋友们走后，我留了下来。那时候，我在北京租的房子还没退，但我太喜欢厦门了，就开始在这里找工作，每天看招聘信息。之前我在北京的公司做的是奢侈品相关的工作，我自己也蛮喜欢奢侈品，于是我就找公司市场部或者和奢侈品有关的工作。到后来，只要是接受外国人，要求会英文、法语……无论什么职位我都留意，当助理都可以，我就是想留在厦门。

不过，从内心来说，我还是想找一份和国际贸易有关的工作，或者跟市场有关，与意大利有关最好，毕竟我在北京有一年的工作经验。我每天都在找工作，各种面试，两个星期后，我路过一家门店，停住了脚步。那是一家做奢侈品家具的公司，进口“芬迪”“阿玛尼”的家具，一个沙发二十万、三十万。我心动了，回去一百度，知道这家公司叫“卡萨贝拉”，然后我按照地址，不请自来。

到了公司，我跟员工说，“我想见你们老板”。员工说老板不在，问我和老板是否有约，我就说“有”，她让我稍等，要给老板打电话。结果老板说没有跟任何人有约，我说“没事，我等她回来”。

那时，我还不知道，“卡萨贝拉”的老板名叫贺晓红，是当地声名显赫的女企业家。见到她后，我惊讶于她那优雅的气质，她用英文和我打招呼，我就用中文回复她……然后她问我，“你是不是不需要英文交流”，我说“是的”。

贺总问：“你认识我吗？”我说：“不认识，但是我就是想在你这里工作。”贺总笑了，说从来没见过这样找工作的。然后，我给她讲了我的故事，讲了我对厦门的感受。我告诉她，我每天找工作，就喜欢你这家公司。她问我想做什么，我说做什么都可以。

贺总说我中文不错，英文也不错，还会法语。她收了我的简历之后，说考虑一下再回复我。她还问了我的期望薪酬，我说“您看着办”。贺总一直笑盈盈的，她还说她是大连人，而且也听出了我说中文时的东北口音。缘分如此奇妙。我第一次见到贺总，觉得她不像老板，莫名其妙地有一种很亲近的感觉，感觉和她有很强的默契。

那天回家后，我坚信贺总会给我打电话，然后，我等了一天、两天、

贺总（中间）总是充满亲和力

三天……一直没有消息，到了第四天，我开始紧张了。这四天，我没有再去找别的工作，我想着，贺总要是不给我打电话，我就再去找她……结果第四天，电话来了！贺总说，欢迎我加入卡萨贝拉公司，她说要看看我的能力，先做她的私人助理。

其实，当时贺总给我的起薪并不高，只是大学毕业生的薪资水平，但是我并不在意。我并不是找不到薪水更高的工作，有很多公司录用我是因为我的语言优势和相貌优势，而贺总是唯一不在意这些因素的老板……我要向她证明，我能够做好这份工作。

于是，在 2016 年，我正式加入卡萨贝拉公司，并且一干就是三年。我做贺总的私人助理，陪她去意大利出差，跟她学了很多东西。贺总对我很满意，她对我的评价是“工作能力强”“情商高”“知道感恩”，而且“善于解决问题”。

再后来，我被提拔为市场部总监，开始管理一个团队，负责选品……我在卡萨贝拉公司的职位越来越高，能力也越来越强，跟贺总的关系也越来越好。

2016 年在厦门工作期间，我还经历了超强台风“莫兰蒂”。那应该是厦门历史上最严重的一场台风灾害，也是我第一次经历台风。当时很可怕，整个城市几乎被摧毁了。我们公司的玻璃都被刮碎了，几百万的沙发损坏了，仓库里几千万的货也没了，还要给客户赔偿，公司的压力很大。我住的那栋楼都能感觉到在动，我就跑到地下室

工作中的迪娜

躲起来。

也正是在那一年，我看到了中国的力量，见识了中国是怎样把一座严重损毁的城市在短短几个月内重新建好的，真的让我特别佩服。我跟别的外国人讲这件事，他们都不相信。几乎没有哪个国家能做得到，只有中国！

在“卡萨贝拉”的工作，是我做的时间最长的一份工作。同事们都像是家人，我是公司唯一一个外国人，大家都很心疼我，对我特别好。我刚从北方来厦门的时候，有点不适应吃南方菜，还是爱吃东北菜。那段时间，我觉得厦门的菜味道太淡了，而我口味比较重，每天都要点东北餐厅的外卖才能吃饱。

我记得有一段时间，每天都要吃茄子，我最爱吃东北酱茄子。有个女同事说我越来越瘦了，气血不是很好，可能是因为吃得不好，她就邀请我下班去她家里吃饭，她给我做饭，给我补身体……我真的太感动了。

我在公司如鱼得水，每天上班满满都是爱，待遇也不错。其实，我从没把贺总当老板，她也没有把我当员工。贺总有个女儿，跟我年龄一样大，但她女儿 19 岁时去了美国，她很想念女儿，而我也很想念我妈妈……于是，贺总和我的关系，更像是妈妈和女儿。有一次我工作没做好，贺总想说我几句，却不知道怎么开口。她说：“我不知道怎么批评你，我太心疼你了。”

迪娜受邀到同事家里吃饭

迪娜与贺总

还有一件事，让我一辈子也忘不了。有一年春节，朋友们都回老家了，我独自待在厦门。贺总打电话过来问候节日，得知我一个人过节，她马上邀请我去她家一起过年。春节是中国人最重要的节日，也是阖家团圆的节日，就像歌曲里面唱的那样，“有钱没钱，回家过年”……马路上都没有人，商场和餐厅也很少开门，这和摩洛哥的节日文化完全不同。所以每当在中国过春节的时候，我都会意识到自己是个“外国人”……贺总说，“怎么能让你一个人过年，你是我的外国女儿”。

我在贺总家住了两天，真切地感受到中国人过年的氛围和中国人的爱。贺总的妈妈、贺总的先生还有女儿，对我都像家人一样，没有把我当外人。我还吃到了贺总为我亲手做的炒面，也吃到了许多特色传统美食，我终于知道为什么中国人过年不出门了，有这么多好吃的东西，难得有家人陪伴，谁还愿意出门啊。当时我发了个朋友圈，“晒”了一桌子饭菜，写道“我也在过春节”。那真是我过的最好、最有爱的一个春节。

后来，我爸妈去厦门的时候，也见过贺总。我妈妈特别喜欢贺总，超级无敌喜欢。那时候，我在厦门上班很安心，很踏实，能跟着这样的好老板，也感觉自己很有前途，甚至租的房子也很喜欢……一切都很完美。直到如今，我也很想念厦门，特别期待回到厦门，感觉厦门也是我的故乡。

贺总是个女强人，是一个出色的生意人，我跟她学了很多。她曾问我：“你为什么选我？”我说：“因为我想像你一样，成为一个优雅、有气质、有能力的女性。”

只要我生活上遇到困难，贺总就会像妈妈一样帮助我。她会关心我住在哪儿，住得舒服不舒服；她说要是我有中国驾照，就把她的车给我开；她还问我有没有男朋友，对我好不好，要是想结婚，得让她先看看。她说：“我是你干妈，我同意才行。”

再后来，我参加综艺节目，要封闭三个月，我就辞职了。贺总跟我说：“你要是成功了，你就做你热爱的文艺工作，你要是不成功，随时都欢迎你回来。”但是我心里知道，我要是离开了，就肯定不会回来了，我的性格就是这样，一旦决定了做什么，就一定要做好，不会回头。

如今，我依然和贺总保持着联系，并且一想到在卡萨贝拉工作的时光，心里就会很温暖。

感谢你，我的“厦门妈妈”。

迪娜与贺总

卡萨贝拉的合家照

奢侈品

我的第一份正式工作，是在北京的一家公司。本科毕业后，我想更深入地了解中国，便留在中国工作，在北京、沈阳、厦门等地从事翻译和外贸工作。我在第一家公司的市场部工作了一年，工作内容是进口意大利奢侈品，然后再卖出。我为什么会选择奢侈品这个行业？这是因为我想了解奢侈品的世界，了解购买奢侈品的人。我觉得这个行业肯定会接触到一些比较高端的人，毕竟购买奢侈品的人都有一定经济基础，处于一个比较高的社会阶层，而我想接触这个层面的人。我觉得人还是要见见世面，才能知道什么是好，什么是不好，才能学会平衡利弊。所以我特别想去了解奢侈品的世界，了解购买奢侈品的人。

我从小也很喜欢时尚，喜欢质量特别好的东西。到了中国我才知道，中国才是世界奢侈品的消费大户，有数据说，中国人买下了全世界三分之一的奢侈品。近些年，中国人生活富裕了，喜爱奢侈品的人也多了起来，无论是大街上背着名牌包包的俊男靓女，还是摩天大楼和五星级酒店里戴着名表、西装革履的商务人士，都成了中国经济飞速发展和人民生活水平提高的缩影。作为一个热爱中国的外国人，我在惊讶的同时，也由衷地高兴。

我还知道，奢侈品不只是香奈儿、路易威登、蒂芙尼、宝格丽……中国的奢侈品更不得了，像是玉石古玩、各种名贵丝绸和刺绣……在这些“宝贝”面前，一个包、一块表便是小巫见大巫了。

初入职场，我就在想如果能做关于时尚和奢侈品的工作该有多好。所以获得北京那份工作，我很高兴。这份工作主要是卖名牌包，我也有机会经常出差。我一直想做一份可以到处跑的工作，我知道我的性格比较外向，在外贸公司做奢侈品可以到处走一走，多跑一些国家、城市，刚好北京的公司满足了我这些想法。

我在北京只工作了一年，学习产品、选款式，后来离开是因为在北京的一年我感觉整个人都快抑郁了，这是真的，压力太大了。我工作的公司在五环，离市中心特别远，去哪儿都很不方便。北京物价很贵，我的工资也不高，让我感受到了压力，觉得自己根本不属于北京，于是就向老板提了辞职。

后来，就像是我之前所说的，我来到了厦门，遇到了我的新老板，也就是我的“厦门妈妈”。在厦门卖奢侈品家具，我接触到了更多高端客户。我会去他们家里看设计，帮他们选品，还要去意大利跟大公司谈合作，芬迪的老板我见过，其他奢侈品家具品牌的老板也见过。

在厦门我真的学到很多东西，我以前的气质不是特别好，但是通过三年的工作，我提升了不少。我的老板贺总有着特别强大的气场，她很懂气质，气质不只是外表，还要有思想。你给别人的感受，你走路的方式，你穿衣服的品位都很重要。贺总要求很严格，员工每天上班必须穿高跟鞋，穿黑色裙子，头发要打理干净，要化妆。

工作中的迪娜

工作中的迪娜

不是所有公司都有这么高的要求，因为我们每天都要见客户，必须要有很好的形象。

我们要说英文，有些客户还说法语，每天都会见一些很厉害的人物，所以我们自己也要变得很厉害，要去学习，才能跟客户沟通。那几年，我历练很多，也提升了很多，我本身不是来自富有的家庭，但是现在让我跟一个很有经济实力的人站在一起，我觉得自己也不差，也会很自信。

那些年，我特别喜欢奢侈品，也给自己买了几个名牌包。我去意大利，住五星酒店，吃最好的东西，开最好的车，在国外去见那些大老板……后来就有点审美疲劳了，有点累了，我渐渐发觉，可能这不是我想要的东西。

我小的时候特别追求漂亮衣服，要全身上下都是品牌才行，有段时间我也很自卑，觉得不穿名牌就没气质。后来我明白了，那都是自欺欺人，我的老板贺总白手起家的时候什么都没有，也是一个普通人，但是她穿一件便宜的衣服，一样可以穿出大牌服饰的效果，那就叫气质。这种气质，体现在你的眼神里，体现在你的说话方式里，你必须要提高你自己才行。

我以前很喜欢奢侈品，但现在感觉，那不过就是一张沙发、一个包，也没那么重要。我该看的东西看了，该学的东西学到了。这份工作给了我非常大的帮助，让我开了眼界，也让我更了解我自己

工作中的迪娜

真正想要的是什么。我觉得还是自己脑子里要有东西，要有自己的价值、好的人品和正确的三观。

我追求的东西并不是钱，我想有自己的职业，实现自己的价值。我对厦门的老板很感恩，因为她的教导，我的气质变得更好了，沟通能力也变得更好了，但我想做抖音，想创业，做自己喜欢的东西。我们当初卖的灯具都是一百万元的那种，真的超级高端，我也惊叹中国人真是太有钱了。贺总也会教我们怎么跟那些客户沟通，所以我真的能学到非常多的东西。但我觉得这样的世界太复杂，而我想要简单一点、洒脱一点的生活，有钱不一定那么自由，压力会非常大。

我在公司每天看到的都是几百万的沙发，但下班回家，发现我自己的沙发才几百块钱，刚开始心里还是会有落差感，但是后来我觉得其实我也不穷。

我记得贺总跟我说过一句话："我们可能不用这种奢侈品，我们自己是个奢侈品就可以了。"

这句话真的很经典。

一辈子待不够

我的父母都到过中国探亲。爸爸来过一次，妈妈除了最初陪我到中国上学，后来又来过两次，一次是和爸爸一起去了北京和沈阳，还有一次独自来到我工作的城市厦门。

很遗憾的是，我哥哥还没有到过中国，但是他一直都有到中国看一看的愿望。不过，我现在回摩洛哥了，不能给他当导游了。我哥哥现在是摩洛哥知名的旅游达人，会去世界各个国家旅游和宣传。我跟他说中国很大，旅行时间不能太短，我还给他做了个旅行计划。2024 年年初，哥哥告诉我，他到中国旅游的计划已经提上日程了。他会同步拍摄自己的中国之旅，上传到 Instagram 平台，分享旅游攻略，带他近 60 万粉丝一同领略中国的大美风光和便捷生活。

对了，还有件很好玩的事。我爸爸来沈阳的时候，居然走丢了！

有一次，我爸去超市买东西，他以为一出门，向右拐一直走，然后再原路走回来就行。他以为自己能记得住路，结果回来的时候走错路了，走丢了好几个小时。那一天，我们一早晨都在找他，差点就报警了。

在陌生的国度找不到家，这可把我爸爸吓坏了。他紧张得不行，就觉得，“我的天，中国的楼怎么长得都一模一样，人也长得都一模一样”。他还纳闷，怎么能回不了家，不是向右拐再直走就到了吗……事实上，我们当初住的地方有一片楼房都很高，确实都是长得一样的。

迪娜父母在中国

其实，我爸爸手上拿着家里的钥匙，那是一个类似门禁卡的卡片，上面有我们住的小区的地址和我的电话，但是我爸爸不知道上面写了什么。他就拿着这张卡片，满大街溜达。

我爸爸的皮肤有一点偏黑，有点偏巧克力色，他说走在路上很多人在看他。他一直在用英文问路，但是沈阳没人听得懂。而且，我爸的英文也不好，就只能说“Police！ Police！ Police！”，一直说要去警察局。

最后，我爸打了一个出租车，出租车师傅问他：“你住哪儿？”我爸爸也不知道怎么跟他讲。出租车师傅一眼就看见他手里的卡片，就跟他说，“你手里拿的卡给我看一下”，然后就把他送回来了。出租车师傅还给我打了个电话说：“你爸丢了，还好他带着的卡上有地址和电话，要不然他就真的走丢了！”

我还记得我爸进家门的时候，脸都吓黄了！后来，我们因为这个事情笑了他很久……

我妈妈也很喜欢中国，她说每次到中国，都有不一样的感受，都非常好，而且每次都能学到很多东西。

她现在很想念中国的按摩。要知道，按摩也是中国中医文化的“绝技”，以中医的脏腑、经络为基础，用娴熟、特定的手法，在身体表面用力，以达到调节身体健康的目的，像推拿、艾灸、针灸、拔火罐……都有十分神奇的功效，令人大吃一惊。

迪娜父母游览长城（左图）和故宫（右图）

迪娜妈妈在中国的餐厅和咖啡厅品尝美食

迪娜妈妈在厦门鼓浪屿

我在厦门的时候，经常带我妈去按摩，妈妈特别喜欢，那些店员对待客人像对待自己家人一样，让人身上很舒服，心里也很舒服，太完美了。妈妈和我都很喜欢厦门，去了厦门就不想离开，就是在厦门买房太贵了。

我妈妈还很喜欢厦门的鼓浪屿，它是中国很有名的一个岛，是个很美的景区，是中国最美五大城区之一。在厦门鼓浪屿上有一些店铺可以买珍珠，我妈买了很多珍珠带回摩洛哥。

厦门有很多咖啡馆，这让妈妈很惊喜，因为摩洛哥人特别喜欢喝咖啡。厦门的咖啡馆各种各样，有一条街全是咖啡馆，每天都可以喝到不一样的咖啡。妈妈说厦门有很多国际化的超市，什么都能买得到，特别国际范儿。厦门有自己的魅力，这个城市很特别。

我父母都觉得中国的文化太丰富了。我自己在中国这么多年，也觉得还是不够了解中国文化，因为中国文化太深了，太多了！美食多，漂亮衣服多，历史也很深厚……

我现在遗憾的是，我虽然也去过不少中国的城市，但云南没有走完，也没去过新疆，感觉一辈子待在中国都不够。

我离开中国的前两个月，去了一趟大理旅游，一下子就爱上了那个地方。大理，让我看到了中国的另外一个样子。大理被称为“有风的地方”，风已经成为大理的一种自然景观。苍山洱海上飘过千姿百态的云朵，实在是太让人沉醉了。而且大理人也很淳朴，他们的生活不像大城市那么现代化，衣服也很有民族特色，每天走在古城里，和老奶奶打个招呼，就像回到了家乡一样。现在我在抖音上一刷到大理，心里还会有一些想念。我真的爱上了大理，太美了，大理是我印象最深刻也是最喜欢的城市之一。

当时我去大理，是短期旅游，但是我到了那里就不想离开了。我一直有个小梦想，就是等我赚钱以后在大理买一所很小的房子，离洱海近一些，在那边生活一段时间，可以带着我的父母一起，也可以自己一个人过几天清静日子。

我感觉我属于大理，这个地方给了我家的感觉，这是真的，很少有一个地方能让我感觉这么踏实，这么舒服，又很美。那里的生活很简单，等我回到中国，我一定还要去。

迪娜

驻唱歌手

我在中国收到的第一份礼物叫作“年年有余”。那是一条鲤鱼，顶着一颗大珍珠，旁边用荷花、莲叶做底托，黄澄澄，金灿灿，很是喜庆。中国人喜欢用年年有鱼代表 “年年有余”，这也是中国传统吉祥祈福最具代表性的形象之一，代表生活富足，每年都有多余的财富及食粮。

这是一个东北人送给我的，也是我在中国打工的老板。他年龄比我大，应该快50岁了，也是一个艺术家、一个歌手，开了一家餐吧。一开始，我去那家餐吧玩，刚好有人在唱英文歌，是我比较喜欢的，然后我就跳上舞台把麦克风抢走了，开始唱 Guns N’Roses。老板听到我的歌声，就问我：“你要不要来上班？”

后来我才知道他是一个有知名度的音乐人，本名叫韩萧寒，人称“老寒”。他唱 Beyond 的歌唱得特别好。那时候，我不知道 Beyond 是谁，我觉得他唱得巨好听，但是我听不懂，我不懂 Beyond 有多经典。现在我每天都在听 Beyond……还真是挺有趣。Beyond 是 20 世纪 80 年代末 90 年代初中国香港乐坛顶尖的乐队，我很喜欢他们的《光辉岁月》《海阔天空》《真的爱你》，特别有看香港电影的味道。

那一年我 19 岁，正在沈阳上学，当时每个月如果能赚点钱，有一个还不错的收入，就能为父母分担一些经济压力。于是，我在这家餐吧找到第一份工作——驻唱歌手。

迪娜在中国收到的第一份礼物“年年有余”

迪娜在餐吧驻唱

在那儿上班的时候，老板跟我的关系很好。他爱唱 Beyond 的歌，我以唱英文歌为主。每到我唱中文歌的时候都特别受欢迎，大家让我多学几首中文歌，但我白天上课，下课后做兼职，没有太多时间学唱新歌。

我在辽宁大学学习了一年中文，然后去北京语言大学继续学语言，后来又回到辽宁大学学了四年国际贸易。在这四年中，我没有停止工作，除了驻唱，我还找了家教的兼职，给中国小孩上外语课。我一般下了课就直接去学生家里教英语或者法语，经常是上完家教课，再去餐吧唱歌，尤其是大三、大四那两年，每天的生活排得满满当当。后来，我还参与了一些商业演出，也是唱歌。商演比较赚钱，作为一个留学生能在商演中赚到钱，很开心也很知足。

因为做各种兼职，我留学期间的生活过得还不错。我没有住在宿舍，在学校外面租了一套房子，还可以经常买衣服……那时候，一个月最多可以赚到 1 万块，对我来说真是一大笔钱。但我也并没有那么看重钱。大四的时候，我到一家公司做了六个月的实习翻译，没有收入，但我并不介意，能学到东西就好。

餐吧老板送我“年年有余”的时候，正值春节，那是我在中国过的第一个春节。我不懂什么是“年年有余”，老板就叮嘱我说：“这个礼物一定要收好，你以后一定会懂。”

我在那家餐吧一周唱两次，坚持了一年，后来老板不做了，我

迪娜在餐厅驻唱

迪娜在餐厅驻唱

又换了一家餐吧……再后来，我把“年年有余”带回摩洛哥，它的价格也许并不昂贵，但对我来说却十分珍贵。回头一看，它已经陪伴我 12 年了。至于我的餐吧老板，他真是一个艺术家，现在去了越南和泰国继续他的音乐梦，可能他也没想到我会把“年年有余”珍藏这么久。哦，对了，他的那间餐吧就叫“大鱼”！

我的第二家驻唱餐厅叫“旋转木马”，这家餐厅后来还出了一个明星。当时，我是前场唱英文，她是后场唱中文，她还没出名，我们也没有说过话。后来我知道她参加了一档歌唱选秀节目，得了亚军，成了明星。也是因为她，我第一次知道了这档节目，没想到后来我也去参加了这个节目。她走后，老板让我唱中文歌，但当时我会唱的中文歌不够多，就不干了。后来我又去了一个外国人比较多的餐吧，唱 blues 和 jazz，一天唱六首歌，挺轻松。

在餐厅驻唱的经历就是唱歌，唱歌是我热爱的，除此之外还可以认识很多朋友，体验中国人的夜生活。我基本在晚上 11 点或 12 点就离开唱歌的餐厅回家，第二天 8 点还要起来上课。

我发现中国人特别友好，不管哪个餐厅的老板都对我特别好，都很照顾我，我对中国老板的印象就是——好老板。

我可以随时来随时走，可以免费吃喝，有什么困难也可以找老板帮忙。有一次，我父母来中国，我想带他们去我驻唱的餐吧。老板很给面子，把他的宾利借给我，还当司机去机场接我父母，给他

迪娜参加商演

迪娜在餐吧驻唱

们一个很大的惊喜。

餐吧的工作拓宽了我的人脉。我在中国的第一个好朋友就是在餐吧认识的，他叫李响，白天是音乐老师，晚上在我驻唱的餐吧当DJ。他讲话特别清楚，为我学习中文提供了很大的帮助。我有时会把作业带去餐吧，向他请教，他总是耐心解答，并教我如何讲中文。后来他去了北京工作，我也到了北京学习语言，我遇到困难仍然会找他帮忙。我的父母也很感谢他。他们第一次在中国旅游的时候，我的中文还不够好，是李响帮我父母订的酒店，还带他们游了长城。

我在餐吧也认识了一些比较重要的人。沈阳有家米其林餐厅的老板是个法国人，他和他太太经常来餐吧听我唱歌，因为我会唱一些法语歌曲，让他们感觉很亲切。后来我们变成很好的朋友，他还说我毕业后可以去他的餐厅上班，帮我留一个职位，但是我毕业后离开了沈阳。

我还认识了一些经纪人，他们会介绍我去参加一些商演活动。

驻唱经历带给我的最大收获是，我认识到要结交朋友才能进步。如果每天在学校，我可能不会知道这些道理。多认识人是有好处的，让我知道怎么跟人打交道，看到自己的不足，学习别人的长处。

迪娜

小试牛刀

抖音是中国一款很受欢迎的短视频社交媒体平台，相信很多外国朋友更加熟悉它的国际版 TikTok。在厦门期间，我开始接触抖音这个平台，也尝试着拍摄一些短视频发到网上。那个时候抖音刚刚起步，我也比较迷茫，不知道拍什么内容好。我会拍一些在家里唱中文歌的视频，晚上会直播，居然也开始涨粉了，收入还是不错的。有时候，我也会在厦门街头唱歌，但大部分视频还是在家里拍的。

后来，就有一些节目陆续找到我。随着参加综艺节目的机会越来越多，我就辞职专心做抖音了。再后来，我决定搬离厦门，去另一些城市发展。

我在杭州遇到一家美国公司，主要业务是帮助一些比较优秀的美国艺人来中国发展。这家公司叫我签约，我就签了，一签就是 5 年。

在杭州公司的工作，就是每天拍视频，学新的中文歌曲，选衣服去不同的地方拍摄。有时候，我在家里录视频，还要先去录音棚，因为视频里大部分歌曲都是提前录好的，在家只是对口型拍摄。除此之外，晚上还要直播。每天都是如此，会有助理和摄影师来家里。我每天穿着不一样的衣服拍摄，再准备晚上的直播，直播一天要播五六个小时，有时候是通宵。刚开始做，我的流量不好，只接了一个广告，微薄的收入还要跟公司分。

我被搞得精疲力尽，觉得这种生活根本不是自己想要的。差不多一年后，我选择离开这家公司。虽然赔了不少违约金，但我重获自由自在的生活。

签公司的这段时间，我并没有学到什么，也没有流量和收益，但这段挫折经历让我沉下心来思考自己要做什么，适合做什么。

2018 年，一档知名唱歌选秀节目找到我，我决定参加。那一季的导师中有周杰伦，名气很大，很多人是因为有他才看节目。节目组在上海，学员要接受培训，我就在上海待了几个月，先排练再进行海选。本来，我信心满满，没想到又遭遇一系列的挫折……

选秀节目的排练给我很大的压力。节目组把学员集合在一个酒店进行层层选拔。学员们每天要去录音棚练歌，隔着黑色的玻璃，看不到任何人，不知道玻璃后面有多少双眼睛在注视自己。

唱歌都是放干声，没有回音，就像没有麦克风干唱，非常费嗓子。在录音棚里，学员们唱完就走，得不到及时的反馈评价。除非唱得特别不好，老师会让你再来一遍，再来一遍就特别折磨人。回到酒店以后，节目组会拉个群，告诉我们哪里不好，赶快改进，明天再来。

上台唱的歌曲是节目组安排好的，当初给我安排的是周杰伦的一首歌。可是他是男生，我是女生，他的歌曲风格并不适合我。我跟节目组表达了自己的想法，并表示想唱自己喜欢的老歌，节目组跟我说，“你要学习换一个风格，观众更爱听流行歌曲”。

那时候，我是坚持到上台前最后环节的唯一一个外国人，节目组很重视我。虽然我们会有摩擦，但他们都不想放弃我。节目组说给我选的歌比较有晋级的机会，但那首歌有高音有说唱，确实不是我擅长的。……我每天早晨起来，都要去录音棚练习好几个小时，非常累。

对于我们这些候选人，如果被淘汰，节目组会发信息说："很遗憾地告诉你，可能老师们觉得你还是不够好，明年见！"这让我们都很紧张。每次节目组给我发微信，我就在想，完了，我可能要走了，但是节目组一直没有淘汰我。大家都说，我不会走的，我是唯一一个外国人，节目需要一张外国面孔。而我后来退赛，也是自己做出的决定。

由于排练三个月中过度用嗓子，我患上了咽喉炎。我记得最后一次去录音棚，根本唱不上去，老师就问我怎么了，我说我生病了，他们问我能不能养病，等病好了再回来。但是，我的状态每况愈下，去了好多家医院，医生说不能再唱了。果然，我渐渐地不能说话，还开始吸氧，只能选择退赛，那时候心里真的难过。

西医治疗一直不见起色，我又去看中医调理。中医给我开了中药丸，同时进行刮痧治疗。良药苦口利于病，我的嗓子日渐好转，一个月后竟痊愈了，但比赛已经赶不上了。

这次参加节目，有两个遗憾，一是没有见到明星导师。我退赛的时候，仍处在上台前的环节。当时所有参赛学员集合在一起，在录音棚考试，两个月的时间内每天都在考试，必须都通过了，才有机会上台表演等待明星导师转身。

另一个遗憾是我没有争取到唱老歌的机会。如果能让我唱老歌，可能就是不一样的经历。

我也反思了当时唱歌咬字不清的问题，从此便要求自己唱中文歌的时候尽量要咬字清楚。现在我去录音棚也好，在街头唱歌也好，会特别注意咬字，我要让大家听得懂我在唱什么。歌唱选秀节目的经历，让我特别自卑，也挺遗憾，但是这也是好事儿，让我看到了自己的不足，与此同时，我对经典老歌的喜爱未曾改变。

参加选秀节目的一年，是我很迷茫的一年。那时候从公司辞职，抖音断更，比赛又艰难推进……后面嗓子也不好了，真的很煎熬。不过，这段经历也又一次让我沉下心来思考自己需要什么，要改进什么，往哪一个方向走最合适。

休息了一段时间后，我开始自己拍视频，按照自己的感觉拍，逐渐有了稳定收入，也感觉更为踏实。

当自媒体人很消耗精力，但更为自由，想去哪儿就去哪儿，也降低了很多沟通成本。我终于可以做真实、单纯的自己，而不是被包装出来的躯壳。

我在 Instagram 上开设了自己的账号，期待让更多的人听到中文歌，对中国文化产生兴趣。

2019 年我参加了中国中央电视台（简称“央视”）的歌唱挑战

类节目《越战越勇》，演唱了《至少还有你》，获得了当期冠军。这是我第一次参加央视的节目，也是第一次在中国的电视节目上穿摩洛哥传统服装。评委们很喜欢我的服装，也对我能说一口流畅的中文表达了赞赏，问了一些我在中国的经历。当时我的粉丝量不多，没什么名气，上节目主要是抱着挑战一下的心态。这两年我有了一定知名度后，有不少摩洛哥人给我留言，询问当年参加节目的是不是我，我才知道视频片段很早就传到摩洛哥了。大家对我在国外身着摩洛哥服装宣传摩洛哥文化表达了支持，这也鼓励我要在文化传播的道路上做得更好。

2022 年，我发布了自己第一首新歌——《倒数分秒》，还参加了一档摩洛哥的歌唱选秀节目 Starlight。这一次终于正式站上了舞台等到了评委为我转身的一刻。大家看到我穿的中国旗袍，一面表达赞美一面充满好奇。

我在舞台上讲述了自己在中国的生活经历，评委们甚至让我在台上秀一秀中文。我告诉大家："我希望今后能够在更多美丽的地方唱歌，带着社交媒体上支持我的朋友去看一看摩洛哥的风景。中国和摩洛哥都拥有悠久而灿烂的文明，希望我能继续从事增进摩中文化交流的工作，成为一座两国文化交流的桥梁，用音乐连接两个国度，让更多的人爱上我的两个家乡。"

后面的比赛里，我还穿汉服演唱了中文歌。虽然我没有晋级到

迪娜身着摩洛哥传统服饰参加央视唱歌
挑战节目《越战越勇》

迪娜的第一首单曲
《倒数分秒》的封面

迪娜身着汉服

迪娜身着汉服

迪娜参加摩洛哥的歌唱选秀节目

妈妈和哥哥来摩洛哥歌唱比赛节目现场为迪娜加油

最后，但在出场的几期节目里，我的中文歌曲和中国服饰给评委和观众留下了深刻印象，大家都记住了我、认识了中国，这已然达成了我参加节目的初衷。

2024 年年初，我还接到了《法国好声音》的邀请。音乐类选秀节目 The Voice 最初诞生于荷兰，随着观众的好评声不断，各个国家也相继推出了自己的“好声音”。《法国好声音》一直以来有不错的影响力和口碑。受邀参赛对我已经是一个很大的肯定，我也会好好表现，和更多观众分享我喜爱的好听的中文歌曲。

火山

迪娜和火山

“是不是对生活不太满意，很久没有笑过又不知为何。既然不快乐又不喜欢这里，不如一路向西，去大理……”

这首《去大理》是火山练歌的时候经常唱的，原唱是一位中国歌手，叫郝云，这首歌被称为最疗伤民谣。我当初不知道这首歌，但火山的声音比较沙哑，很特别，我很喜欢。

火山是我在选秀节目训练期间认识的好朋友。我跟他是在比赛候场休息的时候认识的，当时我们还不知道自己是否入选。我听他唱得很好，就走过去跟他说，“你的声音特别好听，我喜欢这种声音，有那种沙子的感觉”。从那时候开始，我们就成了朋友，而且关系越来越好，后来更是分不开了，就像是兄弟。后来我才知道，他住在丽江，他在丽江有一个小酒吧。

火山给我的帮助还是蛮大的，当初我唱中文歌咬字不清楚，他会弹着吉他帮我练歌。那一年参加那档选秀节目的选手都知道，火山和迪娜是好朋友！我们俩都是爱热闹爱张罗的性格，经常叫所有学员一起玩儿，要么在我房间，要么在他房间。

最让我感动的是，我唱歌过度患咽喉炎后，火山经常陪我去医院。有一次，他为了陪我去医院都错过了去录音棚练歌，还因此被老师骂了一顿……

我跟火山说，“我的嗓子可能没法再继续参赛了”。我们身边的朋友要么退赛了，要么没通过比赛，而我也要退赛了，火山就说，“你走我也走，我跟你一块走”。

我问他为什么，他说没意思，就是不想参加了。当初节目组给他选的歌，他也不喜欢，再加上他的酒吧在丽江，离开了两个月，生意也不好了……于是，我们俩都退了赛，我去了杭州，他回了丽江。

起先，我们经常有联系，火山时常给我发信息。我到杭州以后，他还给我寄了一个小礼物——一对小狗耳环。我当时很感动，对他说：“你干吗送我礼物呀？”他说：“哎呀，没关系，觉得好看就送给你咯。”他还会给我发歌曲，问我好不好听，偶尔也会给我发一些他自己写的歌。他说：“你如果看不懂歌词，就告诉我旋律好不好听就行了。”

后来，我事情比较多，和火山的联系就少了。再后来，我跟朋友去大理旅游，去了丽江，我们还去了火山的酒吧，看到他的生意不错。那时候我就很喜欢丽江，古色古香的丽江古城，天气好的时候还能看到雪山，古城里有很多小酒吧，氛围特别好，我觉得自己爱上了丽江。

我没有想过，有一天会失去火山。大概有三个月时间，我跟他没有聊天，当我再给他发信息时，没有收到回复，打电话也没人接。我想，是不是出什么事儿了？突然有一天，我手机上出现了一条来自火山的消息，说“你好”，我还奇怪，咱们这么熟的关系，跟我说“你好”干吗呀，接着又发来一条信息，说“我是火山的妈妈，火山走了”。我当时一下子蒙了，我不敢相信，我的好朋友就这样去世了。

我赶紧联系火山的其他朋友，他们说，火山已经走了两三个月了，因为心脏病。火山比较胖，也想过去运动，但心脏不好又不适合运动太多……有一天就没能醒过来。这是我第一次失去一个很好的朋友。

火山去世的时间是 2019 年 1 月 25 日。如果他没有走，我们可以做一辈子的好朋友，我们都喜欢音乐，相处得很开心。火山曾跟我说，他特别想去国外，去看看外面的世界，看看更远的地方。我就跟他说，“欢迎你来摩洛哥玩”。

这个约定再也无法履行了。

想家

我过生日的时候会特别想念远在摩洛哥的父母。每年最后一天跨年的时候，也会很想家。有时候，我会特别想吃摩洛哥菜。沈阳没有摩洛哥餐厅，北京有一家，老板是摩洛哥人，口味比较正宗地道，只是种类不是很多，只有鹰嘴豆泥、三角塔和塔吉锅。

特别想家的时候，还有每年的斋月。摩洛哥人大部分信仰伊斯兰教，都会过斋月。斋月是伊斯兰历第九个月，意为“禁月”。斋月期间，所有穆斯林，除病人、孕妇、喂奶的妇女、幼儿以及在日出前踏上旅途的人之外，白天——一般指的是从日出到日落这个时间段——不能吃东西，也不能喝东西，太阳落下去以后就可以吃喝了，要把这种状态持续一个月。我们认为斋月可以陶冶性格，克制私欲，体会穷人饥饿之苦，萌发恻隐之心，以资济贫、行善。

在摩洛哥的时候，每年斋月我们一家人晚上都会聚在一起吃饭，很像中国的年夜饭。在中国我一个人过斋月感到格外孤单。

有时候走在马路上，看到别人一家爷爷、奶奶、妈妈、爸爸和孩子团团圆圆，我会想念自己的爷爷奶奶。他们去世的时候我在中国，没能赶回去见到最后一面。

每年夏天，我都会回摩洛哥在父母身边待一个月。这期间会觉得时间过得飞快，没多久就又要离开。每次在机场跟父母说再见，都是最扎心的一刻。我在抖音上还发过一个很火的视频，就是我在机场跟父母告别的情景。

迪娜留学后第一次回家，父亲在机场迎接

我跟父母说再见，然后就不回头地离开，我不会再回头看他们第二次，因为实在是太难过了。我哭着继续往前走，心里一直告诉自己别哭了，要坚持走，在中国好好努力，以后回到摩洛哥再好好照顾父母……我不能回头，我再多看他们一眼就会崩溃，因为我知道他们一直站在那儿看着我……

每年回摩洛哥，我都会发现父母越来越老了，很心碎。我看到爸爸的头发越来越少，妈妈身体越来越差，就会想我是不是不该走。每次坐飞机离开，我会有一种很自由的感觉，但是又会有很严重的不安全感。是不是每个人离开父母都会很没有安全感？一个月的时间里跟父母天天在一起，然后突然又走得那么远……虽然我心里也知道，明年这个时候我就又回来了，但是一年会发生很多事情，而我都不在他们身边。

有一次我从中国回到摩洛哥，我妈抱着我就哭，我离开摩洛哥我妈也哭。我就问我爸："你怎么不哭？"我爸给了我一个很经典的回答，我一辈子忘不了，他说："虽然我没有哭，但是你要知道我的心一直在流泪。"当时，他是用法语说这句话的，这话用法语说出来更动人。我当时就惊呆了，这个回答太让人感动了。

我每次回摩洛哥看到父母时，都是很开心的，但是2021年年底回来的时候我的心情是五味杂陈的。因为疫情，我好几年没有回家了，我爸又得了新冠，……我从机场出口走出，一眼看到我妈举着一个

迪娜和父母

板子，上面用很大的法语单词写着——“欢迎回家”，我爸站在前面等我，眼泪就下来了。

我知道这次回家是多么不容易，跟以前完全不一样。也就在那天，我第一次看到爸爸的眼泪，我这一辈子都没看到过，我就抱着他，然后我妈也过来了……我们三个人就这么抱着、哭着，持续了半个小时。整个机场的人都看我们，偷偷地看，但我看到他们也落泪了……

我的爱情观

我是一个渴望爱的女孩，向往那种真挚、刻骨铭心的感情。幸运的是，在中国，我遇到了真爱。

我深爱过一个男人，他是个中国人。直到现在，他在我心里仍处在一个不可取代的位置。我和他在一起五年，从认识他第一天到分手那一天，我们的感情都没有变过，都是一样地好，只是两个人的人生方向不一样了，就走散了。但是，我们的爱情没有散，我们两个人是真爱，很尊重对方。

这段感情太刻骨铭心了，以至于我可能很难走出来。我估计自己要么会晚婚，要么干脆不结婚。我常说，忙事业才是真的。但说到底，我爱得最深的那个人在中国。就算我现在离开了中国，但心里那个坎还在，可能需要很多年才能走出来。

我喜欢中国人。中国男人很大气，胸怀也很宽广，对女人是真好，在各个方面都会把女人放在一个比较高的位置。

中国男人对女方表达喜欢时会在物质方面做出保证，他们会给女方买车、买房，然后把这些东西写上女方的名字，以表达诚意。我觉得每个中国男人或多或少都有这种意识，可能来源于传统文化影响。我有一些中国女朋友，她们离婚之后，可以分到一半财产，或者男人净身出户，什么都不带走。男人们会觉得女人不容易，而自己是男人，没事！中国男人经常说“我是个男人”，我觉得这种表达蛮大方的，很难得。

中国男人会说，“给你一个家”，我觉得这种表达特别有感觉，虽然只有简单几个字，但它包含很多意义，这是摩洛哥语无法表达出来的。在中国男人的眼里，他们是家里的顶梁柱，需要给妻子和孩子一个温暖的港湾。

在摩洛哥很少有男人会对女朋友说，“我想给你一个家”，可能最多就是，“嫁给我吧”“我们结婚吧”“让我们组成一个家庭”……如果有人跟我说，想给我一个家，我真的会觉得非常浪漫，非常有安全感。

中国男人很会给女人安全感，可能是因为中国女人非常追求安全感。我和我的中国男朋友在一起时，就能感觉到这种安全感。中国男人会把一切安排得妥妥当当，甚至不需要跟他说你需要什么，他都会把一切安排好。只要他爱你，他心里就会有数，就会对你好。

当然，我知道现在中国离婚率也不低，婚姻生活中也有负面的东西，但是我觉得这和婚后两个人相处方式有关系，这并不是某个国家独有的问题，婚姻需要两个人共同维系。

婚姻生活的平淡、踏实、安全感是比较重要的，但是我还是希望我和我的另一半能尽量保持激情。爱情是一件需要不断去努力、付出的事。有些女人结婚后，就对自己很随意，不打扮，也不提升自己，有了孩子以后，更是对老公“无所谓”，夫妻俩也不出去吃饭，不做任何浪漫的事，再浓烈的感情也会冷却。

迪娜

迪娜

我理想中的感情是“我爱你到白头”。我希望找到一个懂我的人。找到对的人，要看缘分。我相信有缘分的人会在某天出现，我也一定能遇到对的人。

回到摩洛哥

2020 年，我开始做直播工作。新冠肺炎疫情波及中国后大家出行不便，我就疯狂直播，每天都是凌晨四五点才下播，白天睡觉。

后来，远在摩洛哥的父母感染了新冠，我们一家人很紧张，也很害怕。爸爸得了两次新冠肺炎，妈妈身体也不好，他们特别想我，我就决定回家看他们。

2021 年 11 月，我回到摩洛哥。爸爸劝我，要不就别走了，但我不想，毕竟离开中国，我喜欢的事情就没有施展的空间。我走的时候也没跟中国的朋友说“再见”，甚至有些朋友都不知道我离开了。

回到摩洛哥两个月之后，我意识到自己短期内不能回中国了，感到很失落。爸爸劝我去找份工作，哪怕去中国公司也好。可我已经不适应朝九晚五的工作了，就拒绝了这个提议。但是要生存，我确实得做点什么。

我想先做点自己喜欢的事情，我喜欢唱歌，喜欢中文，那就唱中文歌吧。但是摩洛哥没有 KTV，那我就去街头唱，唱出我的伤感和悲哀，所以我一开始在抖音上发布的歌都是伤感风。

我选的第一首歌，是梁静茹的《勇气》。我现在也说不清，到底需要多大的勇气去街头唱歌。我把自己的心态调整到“我不在乎”“开心就好”。

我带着音响、话筒，走上街头开唱，有时还穿上中国的传统旗袍。刚开始，我担心没有听众，后来发现，这个担忧是多余的。每

迪娜在“羊上树”（Goat Tree Reststop）演唱中文歌曲，这是摩洛哥马拉喀什到索维拉的路上经过的热门景点

迪娜在摩洛哥首都拉巴特演唱中文歌曲

次街头唱歌我的身边都会簇拥着许多观众，很多人还拿出手机兴奋地拍视频。即使他们不知道我在用什么语言演唱，还是会被吸引过来。每到这个时候，我都会觉得音乐能打通语言的壁垒，我们因为音乐而相遇。

我的第一次街头唱歌，由我的朋友随手拍了一个视频发到了抖音上，竟一下子涨了很多粉丝。很多人留言说："听你唱歌，能听出你的痛苦和伤感。"我很感动，虽然摩洛哥人不一定懂我，但网络上有几亿人能看到我的视频，一定可以找到知音。后来我就开始在社交媒体上发布自己在摩洛哥街头唱歌的视频，经常能获得数十万的点赞，甚至还会有粉丝催更。

爸爸说："你回家是好事儿，你离开中国就红了，说明你就应该离开中国，你的事业才能更好。"我虽然不完全赞同，但也深深意识到，当诱惑太多的时候，自己很难平心静气去做好一件事。在摩洛哥，每天的事情少了，反而能好好做我的抖音。

渐渐地，听我唱歌的人多了起来，摩洛哥的观众来听，网络上的朋友也来听。我做着自己喜欢的事情，并获得了许多支持和认可，感觉生活又有了希望。

很多人认为我在摩洛哥街头唱歌是为了流量，为了出名，其实不是这样。最初我只是为了让自己开心一些，缓解思念中国之情。要是没有走上街头唱歌，可能我今天还在自闭，我没办法接受我的生活跟中国无关。

网络给了我表达的机会，在社交媒体上获得积极的反馈后，我开始花心思录制视频，我辗转于摩洛哥的多个城市录制视频，为的是要带着中国粉丝去看一看摩洛哥的风景。和网友们的积极互动让我收获了更多朋友的喜爱和支持，还得到了中国驻摩洛哥大使的接见。我意识到自己的责任，开始思考怎样将两种文化融合联通。

我的梦想变得更大，不只是为了自己的感受而唱歌，而是希望促进两国的交流。我像是一座桥梁，用音乐连接两个国度，让更多的人爱上我的两个家乡。

我将自己街头演唱的经历制作成短视频《唱越山海 爱跨两洲》参加了中国首届中国—阿拉伯国家短视频大赛，一举拔得头筹，获得特等奖。

中国国家广电总局副局长乐玉成、沙特阿拉伯王国驻华大使阿卜杜拉赫曼·哈勒比为我颁发了奖状和奖杯，评委对我的颁奖辞是：你的嗓音婉转、优美，如同天籁余音绕梁。你对中国的感情以及对中国未来发展的期待，令我们深受感动。你在遥远北非的蓝色国度里，用歌声弘扬中华文化的魅力，为增进中国和阿拉伯青年之间的相互了解和友谊做出了积极贡献！

得到这么有分量的肯定和鼓励，我感到万分荣幸，也更加有干劲了。

迪娜的短视频作品在各大社交平台获得越来越多的关注

2022 年 11 月，迪娜的短视频作品《唱越山海 爱跨两洲》获得首届中国—阿拉伯国家短视频大赛特等奖

现在，我已经可以回中国，但是我还在等更好的机会，还是得好好安排行程。我要利用这两年让自己变得更强大，等机会成熟了，我会再回到中国，做喜欢的事，过我想要的生活。

拉巴特的街头歌手

映着直布罗陀海峡的余晖，我穿着一身旗袍放声高歌，连骆驼都吸引过来了，围观的姑娘小伙子们笑而不语，几个活泼的小孩子围着我蹦蹦跳跳，旁边一位戴着花头巾的老奶奶若有所思，不知道是不是悠扬的旋律激起了她年轻时候的回忆……

在摩洛哥唱中文歌，是两种截然不同的文化激情碰撞。甚至于，我还借助中文歌，让我的爸爸妈妈浪漫了一把。当时，一个中国戒指品牌找到我做广告，我就设计了一个剧本：在我父母三十周年结婚纪念日那天，我邀请他们来到一家浪漫的、建在一艘船上的法国餐厅。我唱起《月亮代表我的心》，爸爸把一枚戒指戴到妈妈手上，他说："如果爱情是个童话，我们在第一页相遇，之后每一页都是幸福。我爱你，亲爱的妻子……"事先并不知情的妈妈热泪盈眶，和爸爸相拥在一起，开心地向朋友们展示戒指，真是太幸福了！

2022年国际足联世界杯，摩洛哥创造了历史，打进四强，但最终败给了克罗地亚。我心里很难过，但依然为摩洛哥感到骄傲，当时不少中国人特别支持摩洛哥，我就忍不住去拍了一个视频，唱了一首中国新近流行的《孤勇者》。我觉得这首歌很符合摩洛哥人当时的心情，当然如果摩洛哥赢了，就可以拍得更精彩，能拍到很多人欢呼的场面。

还有一次，我去了曾经学习的学校给孩子们唱歌。因为认识学校的老板和老板娘，我的唱歌请求得到了允许。那天，我坐在校园里，

在迪娜父母的结婚纪念日，迪娜和父亲为母亲送上惊喜

弹着吉他给课间休息的孩子们唱《童年》；我身上穿着一件红色运动服，上面还有自己印上的“中国”两字。一开始只有 20 个孩子围着我，后来其他孩子听到歌声，也从教室里跑了出来，老师们都控制不住，孩子们特别开心。

很多人以为街头唱歌是很简单的事情，其实不然，这个事有多难，我心里最清楚。

最大的阻力是警察。每次遇到警察不让我唱歌，我都感到很委屈，也给我很大打击。有时候好不容易找到一个特别好的地方，刚刚要开始拍，警察就过来了，说不让拍，我一句都唱不了，精心化好的妆和所有准备都白费了。

所以，我每次出来拍视频，基本上都要在 10 至 15 分钟之内完成拍摄，我心里真的很慌，我的摄影师都能感觉出我的紧张。这也让我更加珍惜每一次在摩洛哥街头唱歌的机会，珍惜有观众站在身边的每分每秒。

也不是没有例外。在拉巴特老城区有一条街可以尽情唱歌，警察不会阻拦，所以我最早的作品都是在那里拍摄的。但后来我觉得总在一个地方唱歌太单调了，就冒险去别的地方，但要躲避警察，防止他们把设备收走。

不过，我还是要和你们分享一个好消息，我最近终于搞定拍摄证了。这在摩洛哥是非常难拿到的证，拿到它就意味着将来在街头

迪娜在摩洛哥街头演唱中文歌曲

拍摄视频不会有很大问题，就算警察来了，我也可以继续唱歌。我真的很开心，这是一个非常好的开端。

虽然摩洛哥治安不错，但是不管怎么样，一个女孩在街头唱歌还是会有些危险，不知道观众中有什么样的人，我每次也是带着非常紧张的心情去唱歌。有一次，我正在唱，突然走出来一个比较吓人的人。他全身很脏很臭，脸上都是一块一块的疤。一开始我特别害怕，也不知道该怎么办，他用摩洛哥语说“你好”，我也说“你好”。他好像喝多了，我强装冷静地看着他，但心里想“完了”。

他问我：“能不能给我放一首歌？”我说好，然后就给他放。后来他就又说“你把麦克风给我”，我也说好，反正他说什么，我就做什么。他竟然开始唱歌，唱完后，他就看着我说：“谢谢你，你是一个很好的人。”

他让我继续唱，我说我怕警察来，他说：“没事儿，有我在呢！”然后，我接着唱歌，他就对着所有观众喊：“谁都不能欺负这个女孩儿！”他坐在地上，开始点歌，点了一些法语歌，真是有意思。

还有一次，我正唱歌，有个摩洛哥老人走过来了，他肯定听不懂中文，甚至都不懂音乐。这时，警察也过来了，拦住我，把我的设备拿走不让我唱，我很难过，老先生就去给我买了一瓶水，塞到我手里，什么话也没说就走了……我瞬间泪崩，摄影师也很感动。看得出来，这位老先生并不富裕，但他还是给了我温暖。我没来得及跟他说声谢谢，他就这么走了……

当观众太多时我有时也会紧张害怕。一次，我去到一座距拉巴特六小时车程的小城市，那里没有那么多警察巡查，可以稍微放松一些。我站在一块空地上，唱了一首孙燕姿的《开始懂了》，刚唱了六七秒钟，围观的人就聚拢过来，越来越多，整整围了一大圈。我紧张极了，整个人不敢动，唱到后面开始发抖。那一天我本来计划多唱几首歌，但因为太紧张了，唱完《开始懂了》我就把设备关掉，逃之夭夭了，事后还跑到海边放松，缓解紧张情绪。

在唱歌和拍视频的过程中，我认识了很多街头歌手，也听到了很多故事。我和不少街头歌手也成了好朋友。我在街头唱歌是为了拍视频，宣传中国文化，而他们是为了生活。尽管目的不同，但我们的关系非常好。

有时候我唱完了，会有很多围观者留下钱，我都不拿，而是留给其他歌手，感谢他们给我留的好位置。我会尽力体会街头歌手的状态，唱中文歌也好，拍抖音也好，宣传文化也好，不管怎么去定位，谨记“街头歌手”这个身份。

在沿海城市索维拉的一次街头演唱，我还结识了一位美国演员加里·杜尔丹（Gary Dourdan）。他静静观看我的演唱长达半小时，在我唱完后走过来跟我打招呼并给予鼓励，我们互留了 Instagram 账号。回到家我才发现他是一位知名演员，曾出演美剧《犯罪现场调查》

迪娜街头演唱时结识美国演员加里·杜尔丹（Gary Dourdan）

（*CSI*），我为自己没有认出他、没有合影感到遗憾。没想到第二天离开索维拉时，我又遇到了他，这简直太有缘了，我赶紧补上了合影。

我是整个摩洛哥唯一一个在街头唱歌的女孩，也得到很多女孩的支持，大家都期待我的作品。我还和其中一个女孩子成了好朋友。她叫 Kawtar，摩洛哥人，旅居韩国。我们在摩洛哥见面的时候她给我带来一个精心制作的蛋糕，蛋糕表层是用我的照片制作的。我被深深打动了，很感谢她的用心，从那一刻起我们就成了好朋友。

很多支持我的朋友发私信问我在哪儿唱歌，想来现场看我演出，我都没有回复，因为我的唱歌时间和地点不固定，我自己都不知道下次拍摄会在哪一个城市，在哪一个位置。

有时候突然有了灵感，或者摄影师有空，我们就出去，经常会离开拉巴特，去别的城市，有时候要去距离拉巴特五个小时、六个小时甚至八个小时车程的城市。摩洛哥的交通费很贵，几乎没有很快的火车，去哪里都要开车。油费很贵，还要住宿，为了拍 30 秒的视频，我付出了很多。我也可以每天在同一个位置唱，但是我觉得那样很乏味，粉丝会审美疲劳。为了粉丝，我愿意努力。

迪娜的粉丝 Kawtar 送给她一个精心制作的蛋糕

迪娜

上辈子的兄弟

有一天，一个摩洛哥街头歌手告诉我，当天来了好多中国人，大概有十几个，到我之前唱歌的地方问“那个女孩在哪儿”“迪娜在哪儿”。他们都不会说摩洛哥语，只会说“迪娜”。街头歌手懂了，就跟他们说迪娜不在这儿。这群特地来看我的中国朋友有些失望，他们唱了一首中文歌，就走了。

在摩洛哥的中国人比较少，而我绝对是这个小群体中的名人。很多人开始认识、认可我，这让我很开心，现在摩洛哥有任何与中国有关系的活动，大家都会想着叫迪娜来参加。

我从来没有想过，我在街头唱一首中文歌，拍一个视频，就能让这么多人喜欢我。特别值得一提的是，我不只是受到了很多中国粉丝朋友的喜爱，还得到了中国驻摩洛哥大使李昌林阁下的认可。

我第一次见到大使，是在大使馆。我接到大使馆的电话，说大使想见我一面，然后我就去了，在一个办公室等他来。大使先生来了之后，我们聊了一会儿，他说过几天大使馆有个活动，想邀请我来唱歌，我就答应了。然后他又问了我很多问题，问我在哪里学习，学什么专业，曾经在中国做什么工作，为什么回摩洛哥，等等。

那一天，是我第一次见到李昌林大使。本来很紧张，但是见到他之后，我突然有这样一种感觉：“天哪，这个人可能上辈子是我的兄弟！”我和李昌林大使特别聊得来，感觉似曾相识，认识了很久很久。大使人和蔼可亲，又那么支持我，我偷偷地想，他要不是大使，

迪娜参加 2024 摩洛哥“欢乐春节·中国庙会”活动演唱中文歌曲

迪娜与摩洛哥汉学家纳赛尔先生会面

我真想把他当成“哥们儿”。

会面结束后，李大使从办公室走出来，送我到门口。大使馆有两个门，有个平时进出的门，还有个大门很少打开，应该只有车辆才能通过。以前我到大使馆申请中国签证，要排队好几个小时，也都会看到那个大门。我经常会想，大门里面是什么样的？有一次大门打开了，一辆轿车开了进去，就在那一瞬间，我向里面望了一眼，看到一个很美丽的花园，然后大门就关上了。

那天，李大使送我出来，居然让人把那个大门打开了……所有人都在朝我看，想看看是谁这么“有面子”，保安也向我点头示意。大使就一直站在门口，等我走远了他才离开。如此隆重的礼遇，给了一个摩洛哥女孩，我真是一辈子都忘不了！

大使很有绅士风度，也给了我很大的帮助。他邀请我到大使馆做客，会夸我的旗袍好看，很有中国风。他说我特别厉害，并对我表达感谢，因为我在传播中国文化，为中国和摩洛哥的友谊搭建桥梁，给摩洛哥与中国的关系发展带来很大帮助。他希望我继续“火”下去，在摩洛哥继续唱歌。

其实，李大使很少会和别人单独合照，但是每次我找他合影，他都会欣然接受。这些照片，我都会好好珍藏。

大使经常会在参加活动的时候提我的名字，称赞迪娜为了摩洛哥和中国的友谊做了很多事情，我特别感动。一次，我和李大使在

李昌林大使出席 2023 摩洛哥“欢乐春节”启动仪式与迪娜合影

李昌林大使（左一）出席孔子学院举办的活动与表演嘉宾合影

拉巴特孔子学院见面了，当时我在唱歌，唱完后，李大使对所有学生说：“迪娜中文非常好，是摩洛哥人的榜样，希望同学们向迪娜学习，像她一样优秀。”

2022 年 9 月 28 日，中国驻摩洛哥大使馆举办庆祝中华人民共和国成立 73 周年招待会，我很荣幸受邀参加，并演唱了两首中文歌曲：《月亮代表我的心》《至少还有你》。出席招待会的主要成员是各国外交官，我是唯一一个受邀的摩洛哥歌手。当我唱完歌后，很多人都在问我是谁。大使介绍说我可能是唯一一个会唱中文歌的摩洛哥人，这个介绍很亲切，也让我更有底气。

有时候，我也会自卑，会觉得太累了，自己可能做不下去了，但是李大使给了我很多鼓励。现在每次去中国大使馆都会有一种回家的感觉。

2024 年春节我受邀参加大使馆举办的招待会，并演唱了两首中文歌曲。我唱完下台后，大使跟我说我唱的两首歌《可可托海的牧羊人》《漂洋过海来看你》都唱到他的心坎里，让他回忆起年轻的时候。

春节后，为了感谢大使这几年的照顾，并介绍我父亲和大使认识，我在一家知名摩洛哥餐厅预订了一桌正宗的摩洛哥餐，邀请大使和中国朋友们品尝。主菜选的是大使爱吃的摩洛哥传统做法的鸡肉，还配了大使爱吃的面包。大家聊得很开心，也吃得很开心。

因为得到了大使以及众多中国朋友的支持和认可，我充满了动力，想为两国文化交流做更多事情。

迪娜在中国驻摩洛哥大使馆举办的庆祝中华人民共和国成立
73 周年招待会上演唱中文歌曲

迪娜在中国驻摩洛哥大使馆 2024 年春节招待会
上演唱中文歌曲

迪娜和妈妈受邀参加中国驻摩洛哥
大使馆 2024 年春节招待会

迪娜邀请大使及中国朋友们聚餐，
品尝摩洛哥美食

迪娜参加孔子学院的活动

我爱的中国歌曲和中国电影

很多朋友都喜欢我在街头演唱时选的歌曲。能得到大家的共鸣我很开心，我唱的每一首歌都是精心挑选的。首先，我选的都是老歌，我认为老歌经过时间和情感的沉淀，才有味道。其次，歌曲的旋律要很优美，朗朗上口。再次，这首歌必须能打动我的心，我自己要很喜欢。

选定歌曲后，还要经过反复练歌。只有唱到自己满意的程度，我才会去街头演唱、录制视频。

2023 年在歌唱方面我有了新的突破，那就是我开始自己写中文歌。目前已经写了三首。原创歌曲《听不懂》的街头演唱视频上线后，许多朋友很喜欢，留言询问是谁的歌，当得知是我原创的歌曲后，都表示惊讶，“没有想到这么中国风的歌曲是迪娜写的”。

我目前也在写摩洛哥语的原创歌曲，打算在不久的将来推出并在中国拍 MV。

能够创作听起来很地道的中文歌曲，得益于我的中文歌曲储备，听得多了，写歌时旋律就自然流淌出来了。

我的网易云里面都是老歌，大部分歌曲是中文的，Beyond 乐队、歌手许巍是我的最爱。我感觉他们的歌讲的都是人生，每首歌都在讲生活的某一个阶段，我喜欢有故事的歌曲。

Beyond 乐队的所有歌我都听过，特别是最近两年回摩洛哥之后，有了更多人生阅历，更能听懂歌词的含义了。

许巍的歌每一首都能疗愈我的内心。我喜欢他的声音，他的歌都很洒脱和随性。像《故乡》《蓝莲花》《那一年》这几首我特别喜欢的，歌词我都已经背下来了。

我特别憧憬去听许巍的演唱会，我一个人去，坐在第一排，去听他所有的歌。之前有人在抖音上直播他的演唱会，很多人去看，有人为了能看到舞台甚至爬上树……我都羡慕死了，巴不得立马坐飞机去看他的演唱会。

回到摩洛哥后，我开始对粤语感兴趣，现在听的歌很多都是粤语歌。我很后悔在中国的时候没有学一点粤语，如果能说粤语，我现在可以唱更多老歌。在摩洛哥学粤语的机会很少，我只能在网络上自学。

我最近很喜欢的一首粤语歌是《一生所爱》，它是周星驰的电影《大话西游之大圣娶亲》的片尾曲，诉说了一个男孩成长为一个男人的过程，表达出无奈而又哀伤的一段刻骨相思之情。

看完电影《大话西游之大圣娶亲》,我开始看电视剧《西游记》。《西游记》是中国四大名著之一，它讲述的是孙悟空、猪八戒、沙僧同大唐高僧玄奘去西天取经的故事,师徒四人一路抢滩涉险,降妖伏怪,历经八十一难,取回真经,终成正果。我觉得剧情设定很特别,把佛学、玄幻、冒险的元素融合得特别好。

像《一生所爱》一样，我有时候是先喜欢上一首中文歌，之后

Beyond 乐队

歌手许巍

电影《大话西游之大圣娶亲》剧照

发现了它其实是某一部电影的主题曲或者插曲。为了进一步了解这首歌的意义，把它唱得更好更有感情，我会特意找出电影来看。通过这些老电影也能看到很多中国文化元素。

中国人的一些习惯是真的能从老电影中看得到的，一直都没有变。有时候我会担心我的普通话没那么标准，或者会忘记，我就看看电影，听听标准的普通话，受益蛮大的。

我喜欢看感性的电影。《倩女幽魂》是我比较喜欢的电影之一，我看了三遍，第一次看的是粤语版，后来又看了普通话版，发现还是粤语版更有味道，于是又看了一遍粤语版。这部电影演绎了一段人鬼殊途、惊世骇俗之恋，特别经典，百看不腻。

我看很多香港电影都是因为刘德华，他是我最欣赏的中国明星。他的《天若有情》，是我最喜欢的电影之一。电影主题是关于爱情和兄弟的。男主角和女主角一个是黑帮，一个是富家女，天壤之别，却相爱了。电影结尾，男主角觉得自己可能快要死了，就砸了婚纱店，给女主角披上婚纱，给了她一场婚礼……我看得热泪盈眶。电影里的歌曲也很好听，我每次听到都想哭。

我看过刘德华的一场抖音直播，他跟粉丝交流时每句话都讲得很真诚中肯。他的情商太高了，我希望有一天也能像他那么会说话。

我最欣赏刘德华的地方是勤奋。无论在人生的任何阶段他都一直在努力，不会因为功成名就就不再努力。他很自律，几十年如一

电影《倩女幽魂》海报

电影《天若有情》剧照

日地维持最佳的体型和状态。他也很帅，是我喜欢的中国人的长相，我很喜欢他的气质。除了演技，他的歌声也很能打动我，比如《忘情水》。

我很骄傲，我是刘德华的粉丝，也可能是他唯一的摩洛哥粉丝，因为真的要了解中国和中国文化，才能知道刘德华，而且要听得懂中文甚至粤语，才能真正去欣赏他的歌曲。我有一个梦想就是去看他的演唱会。

中国是未来

2023 年 5 月，是我人生一个十分重要的月份，离开一年半后，我又回到了阔别已久的中国。

而这次回中国的任务，也让我十分骄傲。我跟随摩洛哥商务代表团来到上海，帮助摩洛哥推动旅游，促进贸易。我特地带了两套华丽的摩洛哥民族服装，一套是黑色镶金的长袍，一套是深蓝色的衣服。当我身着摩洛哥民族服装走上街头，不少行人驻足观看，还有很多人和我合影，想必大家都记住了摩洛哥，活动达到了预期的宣传推广效果。

最近，摩洛哥旅游局在中国的办事机构也和我取得联系，希望我参与推广中国赴摩洛哥旅游。旅游业在摩洛哥国内生产总值中占有举足轻重的地位，能为自己国家出一份力我感到与有荣焉。

疫情结束后，我还获得了第一个代言合同。因为我在摩洛哥街头唱歌的时候总是提着一个音响，于是，广东有家音响品牌找到我，邀请我代言他们的品牌。我想，我可能是唯一一个给中国品牌做代言的摩洛哥人。如今我已经正式成为这家音响品牌的全球代言人，也标志着我的事业新上了一个台阶。

随着疫情放开，摩洛哥与中国两国的交往恢复了，不仅我这个摩洛哥人能够回到中国，也有一些中国代表团访问了摩洛哥。

我还记得，我 17 岁的时候，我爸问我：“为什么要去中国？”

迪娜参加摩洛哥商务
代表团的推介活动

迪娜在中摩两国交流活动中担任主持人并
献唱中文歌曲

我的回答是："爸，中国就是未来。"然后我爸说："你应该去美国什么的。"我说："你听我的，以后中国肯定是世界第一。"

现在，我真的很骄傲，我的眼光没有错，中国领先的新兴产业确实代表着世界的未来发展方向。这次回到中国，我体验到日新月异的科技发展。

我在上海叫网约车时，经常来接我的是新能源车，车的设计非常好看。

我入住过无人酒店，全部由机器人忙前忙后提供服务，办理入住离店，简直太酷了。

我在厦门见到了无人早餐车，顾客用手机扫描餐车上的二维码选择想要的餐品，线上付款后就可以打开相应的橱窗拿出美食，十分便捷。

我还见识了无人驾驶，没有司机，车自己能行驶、变道……

我将这些拍摄成视频，发到海外社交媒体上，和更多人分享了中国的前沿科技，并为之惊叹。

在中国的12年，我亲身体验到了科技带来的生活便利。中国人善于学习，我觉得如今前沿的中国科技也值得世界学习。

一些摩洛哥年轻人在看到我的视频后告诉我，希望像我一样去中国学习，我为自己能影响摩洛哥年轻一代的想法而感到自豪。

迪娜体验无人驾驶

迪娜体验无人超市购物

迪娜体验无人机送货

亲历摩洛哥地震

在摩洛哥期间，我赶上了一场大灾难，现在想起来还心有余悸。

摩洛哥处于非洲板块和欧亚板块接合的地方，属于地震多发地。自 1079 年以来，这里发生过二十多次强烈地震，1755 年的一场大地震，更是把摩洛哥所有的沿海城市都变成废墟。而近五十年来，非洲板块又非常活跃。

2023 年 9 月 8 日晚上 11 点 10 分左右，我正准备回房间睡觉，突然整个房间都晃了起来，接着镜子就倒在地上摔碎了，那一刻，我才意识到是发生地震了。我立刻跑到父母的房间，他们也很害怕，我们一家人就赶紧往楼下跑。

地震差不多持续了 20 多秒，震感特别强烈。几乎整个小区的人都跑下楼，我们得到消息说，凌晨两点还会有地震，大家都不敢回家，交叉路口、停车场和公共广场上挤满了裹着毯子的人。

我看新闻得知，这次地震有 6.9 级，震中位于摩洛哥南部旅游城市马拉喀什西南约 71 千米处。包括首都拉巴特在内，八个城市有震感。很多房屋倒塌，人员伤亡严重。

受灾最严重的马拉喀什相较于拉巴特而言，是一个“老城市”，已被列入联合国教科文组织的《世界遗产名录》。老城建筑不够牢固，损毁严重，再加上部分地区相对偏远，救援难度非常大。

我姑姑就住在马拉喀什，地震后我们和她一度失联，分外忧心，于是决定第二天开车去一趟马拉喀什。从首都拉巴特开过去车程要

4 个小时。

我曾经在摩洛哥西南部港口城市阿加迪尔的一个旅游景点唱歌，现在那里整面墙也倒了，我感到特别难受。

地震发生后，我和很多网友在社交平台上转发救助视频。地震是在晚上发生的，许多人被困，多转发就能让救援机构找到更多受困者。还有很多人积极参与献血，大家都在用自己的方式尽一份力。

特别值得一提的是，地震发生后，我加入到一个由在摩洛哥的中国商人组成的群，大家商量着为灾区做点事情。

商人们都是做小生意的，有人做被子，有人做服装，有人做毛毯，经过讨论，我们决定去给灾区送救援物资。我们把被子、毛毯、衣服等物资塞进一个大车，差不多 75 立方米的集装箱塞得满满当当。

我是这个救援队伍中唯一的摩洛哥人。我们在车头挂着“摩洛哥华人商会捐赠”的条幅，从马拉喀什西南方 200 多千米的塔鲁丹特启程，一路上很多摩洛哥民众看到挂着中摩两国国旗的货柜车后，纷纷前来帮忙，并不断向车队人员表达谢意。

我们驱车八九个小时才到达目的地，中间由于要进山，大车进不去，我们又把所有物资转移到几辆小车上。一路上，本来就很狭窄的土路，在地震后变得更加坑坑洼洼、崎岖不平。道路狭窄难行，只有一辆车的间距，稍不留神，就会滑下万丈深渊，令人胆战心惊，十分后怕。

迪娜随华人商会救援队伍奔赴地震灾区捐赠物资

迪娜随华人商会救援队伍奔赴地震灾区捐赠物资

不过，当我们把物资送到灾民手中，拥抱着受惊过度的老人、孩子时，又觉得一切都是值得的。当看到灾民们冲我们竖起大拇指，连声说着“谢谢你，中国”时，我的泪水夺眶而出。

我把自己拍摄的华人商会赈灾的视频发上网后，收到许多网友留言。很多摩洛哥网友对华侨华人的赈灾义举表示感谢，称赞他们是在实实在在帮助灾民。

这次地震，有将近三千人死亡，五千多人受伤。摩洛哥全国哀悼三天，所有公共建筑下半旗志哀。赶赴灾区亲眼目睹伤亡情况，我感受到人类在灾难面前的渺小，感受到生命的可贵，还感受到“山川异域 风月同天”的厚重情谊。我意识到，健康平安是最好的祝愿。

我的新计划

除了分享唱歌视频，我也在开拓新的视频拍摄领域。最近我的兴趣所在是在中国寻找摩洛哥元素，然后拍成视频，在社交媒体上分享。

摩洛哥有一座“蓝色城市”舍夫沙万，那里的房屋、街道和广场都被涂成了鲜艳的蓝色，犹如一个梦幻的童话王国。令我惊喜的是，我竟然在中国成都发现了一座微型舍夫沙万。

这是一家名叫“卡萨四季庭院”的餐厅。餐厅采用蓝色为主色调，超大的庭院内种着仙人掌和棕榈植物，餐厅内的装饰品和餐具都是老板从摩洛哥收集来的，这里的摩洛哥菜也做得十分地道。“我爱摩洛哥！”老板骄傲地对我说。

还有一次，我在厦门的地铁里，看到一个中国小伙子，穿着摩洛哥足球队的球衣，便走过去“采访”他。他看见我举着手机拍摄，先开始有点抗拒，后来我说明缘由，他也很高兴。

我问他，为什么穿摩洛哥足球队的球衣？他说，因为他很喜欢摩洛哥队，“世界杯打进了四强，很厉害！”我说：“作为一个摩洛哥人，好感动啊！”他也说：“我也很激动！”他还说，自己最喜欢的球星是摩洛哥队的哈基姆·齐耶什（Hakim Ziyech）。最后，我教了他一句摩洛哥语：“加油！摩洛哥！”

在中国看到摩洛哥元素，让我感到非常亲切，这也说明了中国与摩洛哥的距离并不遥远。

迪娜在中国体验摩洛哥风情的餐厅

迪娜采访身穿摩洛哥足球队队服的
中国球迷

“一带一路”倡议的推进，拉近了摩洛哥与中国的距离。文化方面，两国举办了许多交流活动，促进两国人民的相互了解。这里不得不骄傲地介绍一下我的叔叔塔里克，他现在是我的老家索维拉市的市长。之前介绍过，摩洛哥人也喜欢喝茶。18 世纪，中国茶叶正是从索维拉港口进入摩洛哥，走进千家万户，成为人们生活不可或缺的一部分。2022 年，“中国传统制茶技艺及相关习俗”在拉巴特被列入非物质文化遗产名录。索维拉市便以茶文化这个中国和摩洛哥共同推崇的文化为交集和切入点，开展中摩两国文化交流活动。目前索维拉正在筹建中摩茶室和茶博物馆。2023 年 5 月中旬到 6 月中旬，索维拉还举办了“茶和天下·雅集”活动暨中摩茶文化展，介绍中摩茶发展史、茶艺茶俗，现场还有书画、古筝、竹编和太极拳表演，让观众通过看展、观画、听琴、品茗等方式感受茶文化的魅力。李昌林大使也出席了活动。

“一带一路”倡议也激发了两国合作的潜力。有人说，摩洛哥是丝绸之路经济带上的北非明珠，是充满了商机的投资热土。我觉得，这话一点也不错。我在疫情期间回到摩洛哥，真是觉得变化很大，首都拉巴特新建了不少高楼，基础设施也完善了不少，发展日新月异，十分有潜力。有越来越多的中国商人在摩洛哥投资建厂，我身边就有一位在摩洛哥开餐厅 13 年的中国朋友，最近又在摩洛哥开设了服装工厂、商务酒店。听到他建厂的消息我自己也感到振奋人心。

“茶和天下 · 雅集”活动暨中摩茶文化展（前排右二为塔里克市长，右三为李昌林大使）

“茶和天下 · 雅集”活动暨中摩茶文化展上的书画表演

乘着“一带一路”倡议的东风，我当然也想做点什么，这可是千载难逢的好机会。目前，我也在尝试直播带货，但未来我想做得与众不同。我会到中国的工厂车间，见证商品生产的每一个步骤，我也会到农村去，记录下农产品采收加工的景象。我想，很少会有外国人像我这样“接地气”吧。如果有可能，我也想去摩洛哥的工厂直播，把摩洛哥的好产品推广到全世界。

除此之外，我还想做一些摩洛哥与中国之间的商务对接，中医、针灸、按摩是我极为推崇的。我曾经在上海遇到一位按摩师，他用“电疗”的方式给人治病，很快就帮我治好了颈椎、腰椎、肌肉的顽疾。后来，我还带了一些外国朋友到这个按摩馆治疗。也是没治疗几次，困扰他们很多年的毛病就痊愈了或者有了明显的好转。看到自己的健康问题得到解决，很多朋友都激动得哭了。中医实在是太神奇了，令人惊叹，我计划邀请这位按摩师傅到摩洛哥开设门店，惠及摩洛哥人。

我还计划创建一个融合中国传统服饰和摩洛哥传统服饰的服装品牌。摩洛哥传统服饰虽然华丽却款式单一，相比之下中国传统服饰则既华丽又丰富，不同朝代有各自的代表作。

两年前我第一次穿汉服走上摩洛哥的街头，引发了很高的“回头率”，很多人走过来问我：“这是什么衣服？”2023 年，我受邀参加央视《摇滚西游记》街头音乐快闪活动的录制，第一次穿上“马面裙”，也得到了很好的反响。

“马面裙”是我对中国传统服饰的新发现，它是中国明代和清代女子常穿的服饰，明代清新淡雅，清代华丽隆重，我发自内心地喜欢。现在每次我从中国回摩洛哥时，都有摩洛哥朋友要我给他们带“马面裙”当礼物。

当然，外国朋友最为熟悉的中国旗袍也是我的最爱。中国旗袍很美，可以表现女子的曼妙身材和典雅气质。我喜欢穿深蓝色或天蓝色的短旗袍，天气冷的话，还会搭一件中式厚披肩。旗袍造型在唱中文歌曲的时候，格外融合应景。

中国是“衣冠上国”“礼仪之邦”，我创建融合中国服饰元素的服装品牌，是希望能让更多人感受到中国传统服饰之美。

迪娜受邀参加央视《摇滚西游记》街头音
乐快闪活动的录制

迪娜受邀参加央视《摇滚西游记》街头音乐
快闪活动，身着马面裙演唱中文歌曲《女儿情》

迪娜

迪娜